W0188017

Praktische Reihe

Antiquitäten

RENATE DOLZ

Bauernmöbel

Das bäuerliche Mobiliar und Gebrauchsgut
Mitteleuropas
Formen, Malerei, Schnitzwerk, Schulen

Mit 100 Zeichnungen von der Verfasserin,
50 Fotos und ausführlichem Register

Originalausgabe

Wilhelm Heyne Verlag
München

HEYNE-BUCH Nr. 4391
im Wilhelm Heyne Verlag, München

Wir danken allen Museen und Institutionen,
die uns freundlicherweise das Fotomaterial zur Verfügung
gestellt haben.

4. Auflage

© Copyright 1972 by Wilhelm Heyne Verlag, München
Printed in Germany 1975
Umschlaggestaltung: Atelier Heinrichs, München
Umschlagfoto: Atelier Hinrichs, München
mit freundlicher Unterstützung des Nationalmuseums München
Die Umschlag-Vorderseite zeigt: Kasten aus dem unteren Inntal
(Oberbayern) von 1788, Wiege aus dem 18. Jahrhundert
Wertingen/Oberschwaben, Süddeutscher Stuhl aus dem 17. Jahrhundert
Die Umschlagrückseite zeigt: Schränkchen mit Aufsatz um 1780
von Anton Perthaler
Gesamtherstellung: Ebner, Ulm

ISBN 3-453-41058-0

Inhalt

Vorwort

Es geht schon merkwürdig zu im Verhältnis zwischen Stadt und Land. Früher wanderte ein unmodern gewordenes, doch immer noch hochfeines Stadtmöbel häufig in ein Bauernhaus, und heute kaufen die Städter altes ländliches Mobiliar für ihre modernen Stadtwohnungen oder Zweitwohnsitze im Grünen. Viele richten sich auch neue Bauernstuben ein.

Bedenkenlos trennten sich die Bauern anfangs von ihrem ›alten Kram‹, um sich modern einrichten zu können und teilzuhaben am allgemeinen Fortschritt, bis sie merkten, daß man dafür allerhand verlangen konnte.

Bauernmöbel gehören heute zu den begehrtesten Sammelobjekten und sind entsprechend teuer geworden. Wenn auch die besten sicher längst ihre Liebhaber gefunden haben oder in den Museen stehen, so findet sich doch immer noch einfacheres Mobiliar, etwa schlichte Gesindemöbel, und man kann auch ab und an noch einen ›Fang‹ machen.

Was auch immer die Beweggründe sein mögen, sich bäuerliches Mobiliar anzuschaffen, sieht es manchmal gar wie ein Modetrend aus, es geschieht wohl auch aus Sehnsucht nach einem richtigen Zuhause. Bauernmöbel sind für viele Menschen Inbegriff des Heimeligen, der häuslichen Geborgenheit geworden inmitten der Wohnsilos, Einheitsmöbel und Umweltschwierigkeiten. Nicht ohne Grund; ein Bauernhaus mit seiner sinnvollen Raumaufteilung und solidem Inventar mußte den Menschen, die täglich der freien Natur ausgesetzt und von ihr abhängig waren, ein Zufluchtsort sein.

Es gibt heute nur noch wenige Einrichtungen an dem Ort, für den sie ursprünglich gemacht worden sind. Die Bauernhofmuseen bemühen sich ihrerseits mit Idealismus um die Erhaltung von Häusern und der dazugehörigen Möbel, aber die alte Ordnung im bäuerlichen Leben, in die auch das Mobiliar eingeschlossen war, ist in unserer Zeit, die völlig andere Produktionsweisen fordert, verlorengegangen.

Wir, glückliche Besitzer einer alten Bauerntruhe oder eines
Schrankes, können uns nur noch an unserem Einzelstück freuen
und dankbar sein für die Wärme und Vertrautheit, die es uns
ins Haus bringt.

Rosengirlande aus Nordfriesland

Geschichte des bäuerlichen Mobiliars

Das Interesse am ländlichen Mobiliar ist etwa 100 Jahre alt. Es erwachte also in einer Zeit, in der das handwerkliche Können durch die zunehmenden maschinellen Produktionsweisen im Schwinden war und man überall in Europa eine Wiederbelebung des Handwerks anstrebte. Wesentlicher Ausdruck dieser Bewegung war der Jugendstil (Art Nouveau) und etwas später, um 1900, die Gründung der Werkbünde.

Dank dem bäuerlichen Beharrungswillen hatte sich noch viel formschöner, verzierter Hausrat auf dem Land erhalten, wenn auch oft schon als unmodern auf Dachböden abgestellt. Der Initiative sachkundiger Sammler und Museumsleiter ist es zu verdanken, daß eine Fülle schöner und typischer Stücke der Volkskunst erworben und einem breiteren Publikum bekannt wurde.

Heute vermitteln Heimatmuseen, Volkskunstmuseen und besonders die Bauernhofmuseen mit verständnisvoll zusammengetragenen Schätzen einen Eindruck vom Wohnen und Schaffen in den jeweiligen Landschaften. Nicht zu vergessen die liebenswerten Szenen aus dem dörflichen Leben, Interieurs und Trachtenstudien mancher Maler des 19. Jhs.

Sieht man die Möbel in ihrer vielfältigen Ausschmückung, die innerhalb eines kleinen Gebietes sehr unterschiedlich sein, aber auch über weite Strecken ähnliche Züge tragen kann, die naive, oft originelle Malerei oder streng ornamentale, krasse Farbzusammenstellungen oder feine Ausgewogenheit der Farbtöne, Schnitzereien, urtümliche Formen oder auch beinahe höfisch anmutende Dekors, so fragt man nach ihren früheren Besitzern und nach ihren Herstellern.

Der Begriff ›Bauernmöbel‹ hat sich allgemein eingebürgert, doch weiß man heute, daß diese Möbel nicht ausschließlich in Bauernhäusern gestanden haben, sondern auch in den ländlichen Pfarrhäusern, bei den Handwerkern und sogar in Stadtwohnungen. Die Hersteller sind manchmal namentlich bekannt. Einige haben ihre Werke signiert. Es waren Dorfschreiner, aber auch in der Stadt lebende Schreiner, die die Möbel selbst beschnitzten oder bemalten, in manchen Fällen unterstützt von Familienangehörigen, vielleicht von Töchtern, die besonders für die Malerei begabt waren. Es war auch üblich, daß die Schreiner beim Auftraggeber selbst aus bereitgestelltem Holz die Möbel arbeiteten.

Eine Zeitlang war man überzeugt, daß die Bauern ihren gesamten Hausrat selber gemacht hätten, doch das war neben ihrer harten, nicht durch Maschinen erleichterten Arbeit nicht möglich. Es ist wohl erwiesen, daß sie zusammen mit ihren Knechten den Winter über ihre Geräte in Ordnung brachten, wenn nötig, erneuerten und vielleicht auch einfache Möbel fertigten. Sicher hat man am Beginn einer Besiedlung und später noch in abgelegenen Gegenden Häuser und Mobiliar selbst gebaut.

Es haben sich jedoch schon im frühen Mittelalter (8./9. Jh.) Handwerksberufe herausgebildet, angeregt durch die Arbeit in den Klöstern, die damals die Zentren des kulturellen Lebens waren und für ihren eigenen Bedarf viele verschiedene Handwerker beschäftigten.

Die Zimmerleute bauten anfangs mit dem Haus die Möbel, als Pfostenkonstruktionen, teilweise fest verbunden.

An der Herstellung der wirklich ›mobilen‹ Stühle, Tische, Truhen, waren gebietsweise häufig auch Drechsler beteiligt. Zimmerleute, Drechsler und Schreiner gehörten im 12. Jh. noch derselben Zunft an. Erst Ende des 14. Jhs. wurden ihnen ihre eigenen Zunftrechte bewilligt.

Von frühen bäuerlichen Möbeln ist kaum etwas erhalten geblieben. Anhaltspunkte für ihr Aussehen bieten die Fundstücke aus dem *Osebergschiff*, dem Totenschiff einer Wikingerkönigin, die im 9. Jh. bestattet wurde, sorgfältig bewahrtes Kirchenmobiliar des hohen und späten Mittelalters, Truhen, Stühle, Bänke und Sakristeischränke, und einige spätgotische Stuben mit ihrem Inventar.

Verschiedene alte Formen und ihre zimmermannsmäßige Bauart wurden beharrlich bis in unsere Zeit beibehalten, obwohl auch auf dem Lande die Tischler, Schreiner, Kistler, Kunthormacher oder Schnittker, wie man sie in den verschiedenen Landschaften nannte, allmählich die meisten Möbel machten. Der Schreiner verbindet die Teile, die er nicht wie der Zimmermann mit dem Beil herrichtet sondern zurechtsägt, anders als der Zimmermann, er arbeitet mit tragenden Rahmen und eingesetzten dünneren Füllungen, einer rationellen Technik, die, schon in der Antike bekannt, in der Gotik wiederentdeckt wurde.

Die Entwicklung der Städte zu Handels- und Gewerbezentren beeinflußte seit der frühen Gotik das Hinterland. Ihr wachsender Bedarf an Versorgungsgütern brachte der Landbevölkerung in vielen Gebieten Mitteleuropas eine Besserung der wirtschaftlichen Lage. Sie profitierte außerdem, besonders seit der Renaissance, von der komfortablen Wohnkultur und der üppigen Mode der reichen und selbstbewußten Städter.

Durch den Handel mit Gebrauchtwaren fanden auch städtische Möbel und Kleidungsstücke ihren Weg aufs Land, wo sie zur Entwicklung des ganz eigentümlichen Mobiliars und der Trachten beitrugen. Die Impulse, die immer wieder von den großen Städten ausgingen, verschieden stark in den einzelnen Landschaften, trugen auch zur Differenzierung innerhalb des *Bauernhauses* bei, was sich wiederum auf die Entwicklung der Möbeltypen auswirkte. Das ursprüngliche Einraumhaus, in dem der Mensch ohne Abgrenzung mit seinen Tieren unter einem Dach lebte, hatte einen freistehenden, offenen Herd, dessen Rauch durch Luken im Dachboden und durch die kleinen Fenster oder Türen abzog. Ein grundlegender Wandel vollzog sich stellenweise schon früh im alpenländischen Raum durch den Einbau einer Stube, eines kleinen Gehäuses für sich in eine Ecke des Stein- oder Blockhauses mit offenem Giebeldach (*stuba* = germ. Badstube, wurde für sich gebaut und außerhalb des Hauses aufgestellt).

Der *Herd* rückte in die Nähe einer Stubenwand, damit von ihm aus oder von einer Feuerstelle neben ihm oder im Flur ein *Ofen* in der Stube mitgeheizt werden konnte. Man nennt solche Öfen Hinterlader (in Norddeutschland Beileger bzw. Bilegger). Eine flache Decke half, die Wärme besser auszunützen.

Diese praktische Anlage schuf einen richtigen *Wohnraum*, heizbar und dabei frei von Rauch, Ruß und Heizungsschmutz. Er

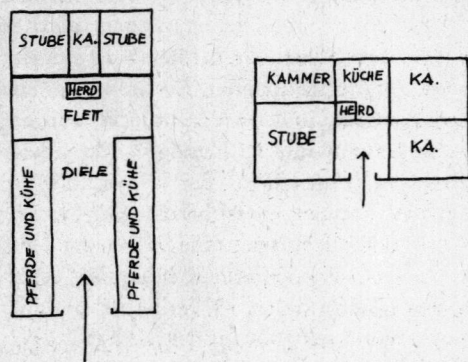

Die Haustypen: Links niederdeutsches Hallenhaus –
Rechts oberdeutsches Haus

wurde zum wichtigsten Raum des Hauses und bekam durch
den sogenannten Herrgottswinkel in der Tischecke noch eine
gewisse kultische Bedeutung.

Alle anderen Einbauten wie Küche, Kammern zum Schlafen
und Stockwerke ergaben sich mit der Zeit folgerichtig daraus.
Im oberen Stock entstand häufig eine zweite Stube, wo die
feineren Möbel standen und die gute Kleidung, wertvoller
Hausrat und Wertsachen bewahrt wurden.

Die frühesten erhaltenen Stuben stammen aus dem 15. Jh. aus
Südtirol. Sie sind handwerklich und künstlerisch so gut gearbeitet, daß man die Entstehung der Ofenstube noch früher
ansetzt.

Sogenannte *Rauchstuben*, in denen gekocht, gewohnt und ge-
schlafen wurde, waren noch im 19. Jh. besonders in der Steiermark und in Kärnten und vereinzelt in den angrenzenden
Gebieten gebräuchlich.

Im *niederdeutschen Hallenhaus* blieb der Herd länger der zentrale Ort, um den sich Familie und Gesinde versammelten. Von
hier aus war für die Hausfrau das ganze Haus zu übersehen. Ein
oft reich beschnitzter Funkenhut über dem Herd minderte die

Brandgefahr. In den durch Dachluken oder die zweiteiligen Türen abziehenden Rauch hängte man in Herdnähe die Schinken und Würste.

Rechts und links vom Herd ergaben sich durch die eingebauten Stallungen Buchten, in die die verschiedenen häuslichen Tätigkeiten verlegt wurden. Die eine war der Wirtschaftsteil, die andere entwickelte sich zum Wohn-Schlafteil mit Sitzecke und Tisch und, im späten Mittelalter (15./16. Jh.), mit eingebauten Bettnischen. Das war der erste Schritt zu einer Abgrenzung innerhalb des großen Gemeinschaftsraumes, des *Flett*. Die endgültige Trennung zwischen Herd und Wohn- und Schlafbereich erfolgte durch den Anbau eines Wohnteils.

Hier entstanden die meist *Döns* und *Pesel* genannten typischen Stuben des niederdeutschen Bauernhauses, und verschiedene Kammern. Die Döns (das Wort ist vielleicht von dem altslawischen dvornica = Hofstube abzuleiten. Ernst Schlee) ist eine vom Flett aus über den Beileger heizbare Wohnstube, die aber nicht die Bedeutung der alpenländischen Stube hatte. In der Vertäfelung waren hier auch die Alkoven, die Bettnischen eingebaut. Der Pesel (nach Otto Mensing von mittellateinisch pisale = heizbares Gemach) ist entgegen der ursprünglichen Wortbedeutung eine meist unheizbare Prachtstube, auch Gästestube, die je nach Wohlhabenheit des Bauern mit kostbaren Möbeln ausgestattet ist. Bei ärmeren Bauern blieb dagegen das Haus ohne Stuben noch bis zur Mitte des 19. Jhs. erhalten.

Erst der Übergang vom offenen Herdfeuer zum ofenbeheizten, abgeschlossenen Wohnraum bedeutete den Anfang einer eigenständigen bäuerlichen Wohnkultur. Ihre Entfaltungsmöglichkeit hing eng mit den politisch-religiösen Verhältnissen in den einzelnen Ländern und der Ausstrahlung der Städte zusammen. Noch heute sieht man an den schönen Hausformen in der Schweiz, im Schwarzwald, in Tirol und Bayern, in Westfalen, Hannover und Schleswig Holstein, daß hier die Bauern einst sozial besser gestellt waren als etwa in der Pfalz, in Franken oder Hessen und vor allem in Pommern, Brandenburg und Schlesien, wo sie vielfach auf den riesigen Besitztümern des Adels als Leibeigene arbeiteten.

Fälschungen

Das Thema ›Fälschungen‹ ist natürlich aktuell, besonders bei den sehr gesuchten bemalten Bauernmöbeln Oberbayerns und Österreichs. Man hat schon einiges gehört von hineingeschossenen Wurmlöchern und in den Regen gestellten Möbeln, damit das Holz schnell und echt altert. Künstliche Patina der Farben ist kein Problem. Wie kann man das erkennen, beurteilen? Schlecht, wenn man seiner Sache nicht sicher ist. Es gehören Kenntnisse dazu, die man sich mit der Zeit beim Studium guter Originale aneignen kann. Damit kommt auch ein Fingerspitzengefühl. Man kann versuchen, nachzuforschen, woher ein angebotenes Stück stammt. Glücklich derjenige, der ein Möbel erbt, von dem er genau weiß, daß es für eine Urgroßtante zur Hochzeit angefertigt wurde. Leuchtende Farben müssen nicht neu sein und matte, schmuddelige nicht alt. Hat ein altes Möbelstück geschützt und etwas dunkel gestanden, so ist es durchaus möglich, daß seine ursprüngliche Farbenpracht erhalten geblieben ist. Man ist erstaunt, wie gut manchmal der Zustand ist.

Wenn man sich bei einem, vielleicht schwerwiegenden, Kauf nicht ganz sicher ist und sich nicht entschließen kann, so sollte man sich an die entsprechenden Museen und Seminare für Volkskunde der Universitäten wenden und um eine Beratung, vielleicht an Hand von Fotos, bitten.

Die Möbeltypen

Es ist aufschlußreich, das ländliche Mobiliar mit den gleichzeitigen Möbeln der Städte zu vergleichen. Man ging auf dem Land nicht direkt mit der Mode, und doch hatte sie Einfluß, oft nur im Detail.

Man erkennt, wie unbekümmert und ernsthaft zugleich Modisches, eine neue Linie, ein Ornament, aufgenommen wurde und mit dem Überlieferten in eigener Weise zu etwas Neuem, und trotz vieler Einzelheiten, ganz Einheitlichem, Volkstümlichem geformt wurde.

Dabei blieb manches Detail über Generationen erhalten, weil es gefiel und sich in das Gesamtbild einfügte.

Parallel dazu läuft die Entstehung der Trachten. Sie haben sich aus der Modekleidung einer für die jeweiligen Gegenden wesentlichen Epoche mit ungemein vielen schönen, schmückenden und eigenartigen Zutaten zu strengen, würdevollen und festlichen Formen mit tiefer Bedeutung der Einzelheiten und der Farben für alle hohen Festtage im bäuerlichen Leben entwickelt.

Das Mobiliar war nicht, wie die Tracht, den strengen Bräuchen der Dorfgemeinschaft unterworfen. Es war Gebrauchsgut, das sich für die Bedürfnisse im Bauernhaus zweckmäßig herausgebildet hat. Manches wurde sogar für den Export gemacht, wie die Tölzer Möbel, die auf der Auer Dult in München den städtischen Schreinern das Leben sauer machten.

Eine Braut mußte allerdings immer bestimmte Möbel auf dem festlich geschmückten Hochzeitswagen mitbringen, vor allem die Brauttruhe mit der Mitgift, dann einen Schrank, eine Bettstatt, eine Wiege und einen Stuhl, die eigens für sie angefertigt wurden und ihren Namen, meist den Mädchennamen, und die Jahreszahl der Hochzeit trugen. Mancher Schreiner, Maler oder Schnitzer bekam durch besonders schöne Arbeiten über die Grenzen seines Dorfes hinaus neue Aufträge.

Da solche Möbel für die Kammern und Flure mit jeder Generation wieder neu ins Haus kamen, kann man an ihnen gut sehen,

wie sich auch auf dem Lande allmählich der Stil wandelte. Die
Stube mit ihrer hauptsächlich festen Einrichtung blieb auch bei
Hofübergabe als Gemeinschaftsraum unverändert.

Die Möbelformen wurden für bestimmte Funktionen entwik-
kelt, zwar immer mit einem Seitenblick auf das Stilmöbel der
Zeit, aber auch Altes, Erprobtes bewahrend.

Man ist erstaunt, mit welchem Einfallsreichtum oft die Möbel
gemacht sind, wie Wohnraumprobleme durch Betten zum Untereinanderschieben, zum Verändern oder Zuschließen spielend
gelöst wurden, wie praktisch Wirtschaftsschränke sind, deren
übereinanderliegende Schubladen allesamt von der Tür des
Nebenabteils mitverschlossen werden können, oder wie ge-
schickt aus zwei oder drei Möbeln eines gemacht wurde. Das
Mobiliar ist meistens auf das wirklich Notwendige beschränkt.

Truhen

Das älteste Bewahrmöbel ist die Truhe. In der Stadt wurde sie
um 1600 unmodern, aber auf dem Land blieb sie noch bis ins
19. Jh. eines der wichtigsten Möbel.

Ursprünglich entstand ein solcher Behälter einfach durch Aus-
höhlen eines Baumstammes, doch schon im frühen Mittelalter
wurden Truhen zusammengebaut und zur Sicherheit noch mit
Eisenbeschlägen versehen. Diese urtümlichen Formen behielt
man auf dem Lande beharrlich bei.

Wenn man vor einer massiven *Dachtruhe* steht, denkt man sogar an antike Sarkophage. Gewisse Anzeichen sprechen für die
Überlieferung dieser Form, doch die großartig verfeinerte Hand-
werkskunst der Römer ist nach dem Untergang ihres Welt-
reiches verlorengegangen. Unsere Dachtruhen sind nach Zim-
mermannsart gefertigte *Stollentruhen*, die als Vorratsbehälter
für Getreide und Mehl weit verbreitet waren: in der Schweiz, in
Süd- und Nordtirol, in Kärnten, besonders in Ost- und Südost-
europa, in Skandinavien, in Deutschland in der Rhön und im

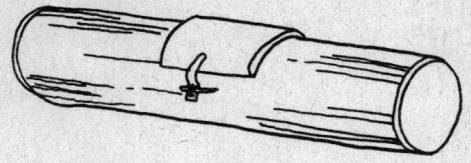

Baumtruhe

TRUHEN

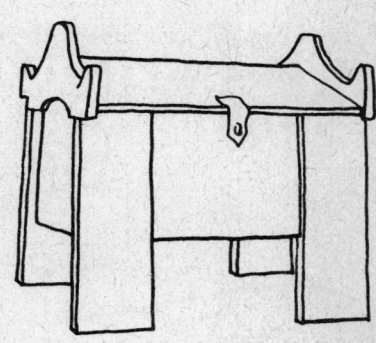

Dachstollentruhe, alpenländisch

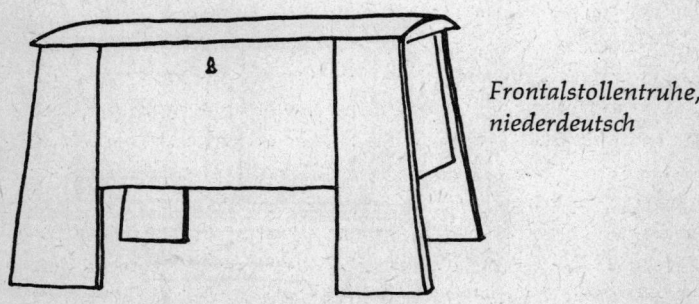

Frontalstollentruhe,
niederdeutsch

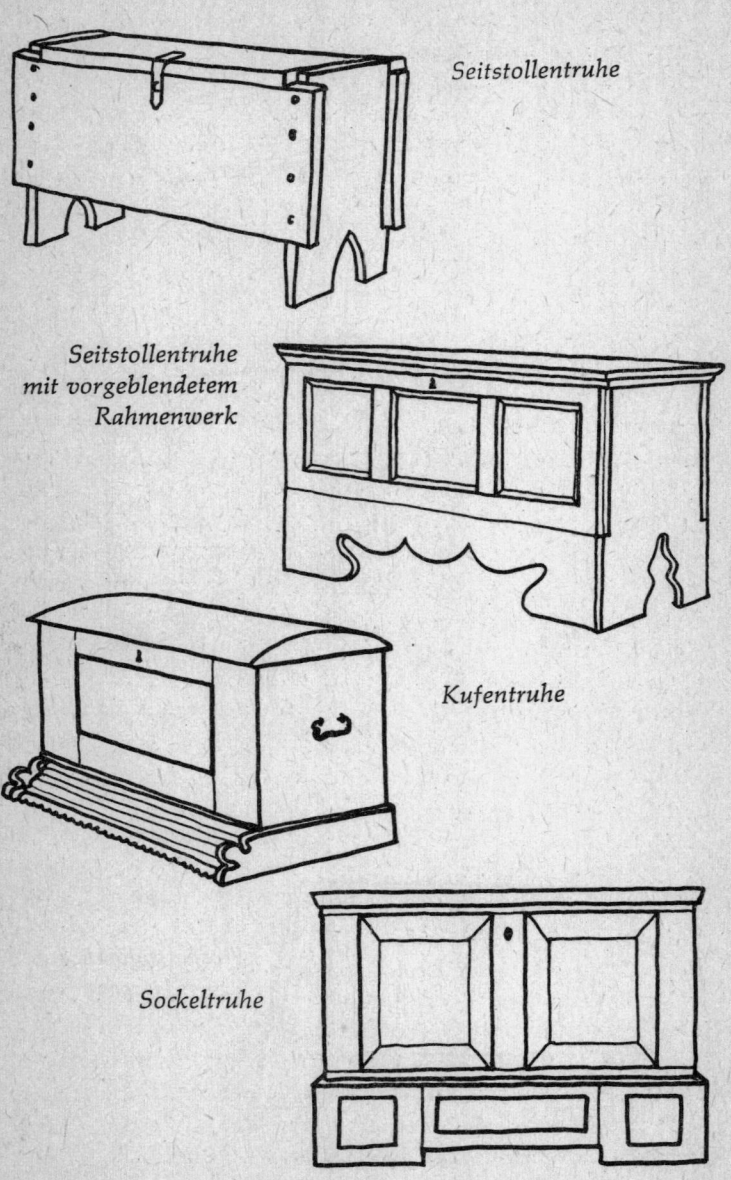

Seitstollentruhe

Seitstollentruhe
mit vorgeblendetem
Rahmenwerk

Kufentruhe

Sockeltruhe

westlichen Niedersachsen. Sie unterscheiden sich besonders durch die Dachformen.

Imposante Stollentruhen mit flachem oder leicht gewölbtem Deckel und oft trapezförmig ausgestellten Stollen und Wänden waren hauptsächlich in Niederdeutschland gebräuchlich. Eine alte Form ist auch die *Seitstollentruhe*. Bei ihr sind lediglich die Seitenwände verlängert, so daß sie den Kasten vom Boden abgehoben tragen. Zur Verbesserung der Standfähigkeit der manchmal sehr schmalen Truhen wurden die Seitenbretter unten in vielfältigen Formen ausgeschnitten. In Westfalen setzte man dafür Kufen unter.

Seitstollentruhen waren in den Alpenländern, in Franken, Hessen, Hannover, in Westfalen (Süden und Bergisches Land) und am Oberrhein verbreitet.

Die Herstellung der *Kastentruhen* verlief anders. Kasten und Fußteil wurden für sich gearbeitet. Den Kasten fügte man im allgemeinen durch Nageln, später auch durch Verzinken zusammen und setzte ihn in Niederdeutschland auf Kufen, zwischen denen fast immer ein Brett mit profilierter unterer Kante schräg eingesetzt ist, und in den Alpenländern in einen rahmenartigen Sockel, der vorn in Bögen ausgeschnitten ist. Man spricht deshalb von *Kufen- und Sockeltruhen*. Beide Formen waren schon während der späten Gotik in diesen Landschaften vorhanden. Die Kufentruhe wurde im 18. Jh. von der Kastentruhe mit Baluster- oder Kugelfüßen verdrängt, während sich die Sockeltruhe bis ins 19. Jh. hielt.

Bei den Stollen- und Seitstollentruhen zeigt sich oft der Einfluß dieser wahrscheinlich moderneren Formen. Manche Stollentruhe steht mit verkürzten Stollen, als Kasten also, auf Kufen, und vielen Seitstollentruhen ist unten ein dem Aussehen der Sockeltruhe entsprechendes Brett vorgeblendet. Die Erscheinung der Truhen wurde, ohne daß man die Bauart änderte, immer vom Zeitstil geprägt.

Die in der Gotik wiedergefundene Technik der tragenden und füllenden Elemente bekam auch für die Bauernmöbel Bedeutung, sei es manchmal auch nur Vortäuschen der Konstruktion durch aufgesetzte Rahmen oder Leisten, dazwischengesetzte Bretter bei Stollentruhen, durch Eintiefung mit dem Schnitzmesser oder Malerei.

Die harmonischen Maßverhältnisse der Renaissance, die Strenge des Dekors mit seinen der antiken Kunst entlehnten Details wurden dazu aufgenommen und mischten sich später mit bewegteren, barocken Elementen. Die Rocaille, das typische Ornament des 18. Jhs., trat hinzu und blieb oft über Klassizismus, Empire und Biedermeier bis zum Ende im Dekor erhalten. Das Gleiche gilt für die Kleiderschränke, die noch mehr als die Truhen Träger der Ausschmückung, der Auszier, sind.

Die späteste Form der Kastentruhe (18. Jh.) ist die vielfach auf Reisen verwendete *Koffertruhe*, auch einfach Koffer oder Lade genannt, mit gewölbtem Deckel und geraden oder sich nach unten verjüngenden Wänden. Sie kann auf Kugelfüßen oder rechtwinkligen Füßen stehen, evtl. auch in einen Sockel gesetzt oder ganz ohne Füße sein. Äußerst praktisch für Gefahrenfälle waren Koffer auf Rädern. In Ostpreußen gab es auch Truhen auf Rädern.

Für Koffertruhen sind die manchmal sehr reichen Eisenbeschläge als Schmuck und wohl auch als Schutz typisch. Die Kästen können dabei gestrichen und fein bemalt sein. Truhen ohne Beschlag zeigen gemalte Feldereinteilung und Blumenmotive.

Die Verbreitungsgebiete der Koffertruhen lagen in Norddeutschland und in Franken.

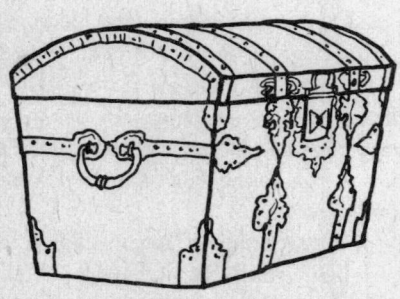

Koffertruhe

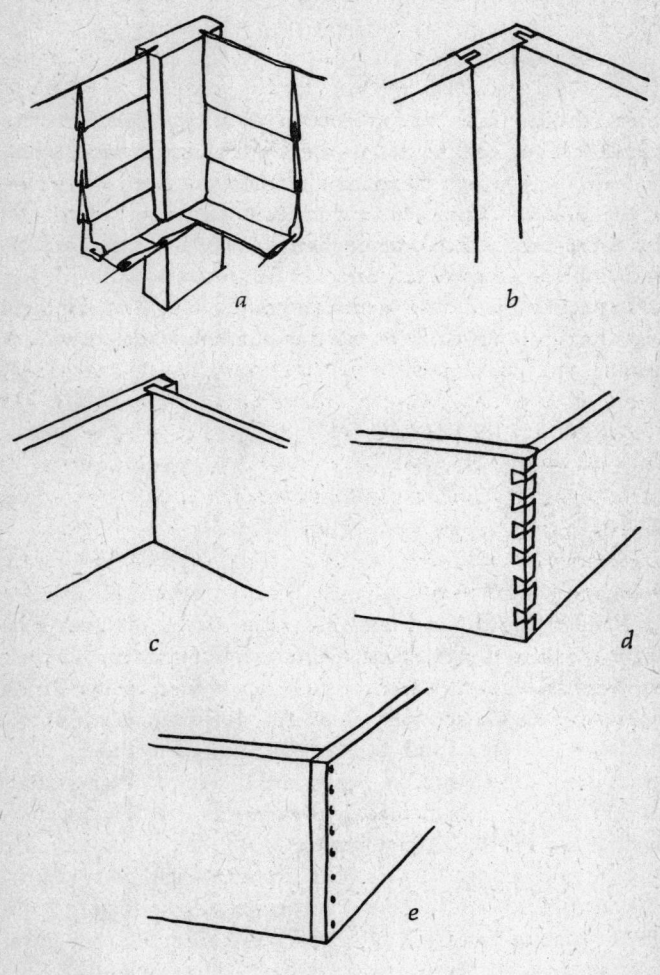

Zimmermannsverbindungen bei Stollentruhen (a und b) und
Schreinerverbindungen bei Kastentruhen (c, d und e)

Kommoden

Die praktischen, leicht transportablen Möbelstücke fanden etwa
Ende des 18. bis Anfang des 19. Jhs. Aufnahme im bäuerlichen
Haushalt, ohne jedoch die guten alten Möbelformen wie Truhe
und Schrank sonderlich zu verdrängen. Manchmal stellte man
noch ein kleines Schränkchen mit ein oder zwei Türen und kleinen Schubladen darauf, besonders in Oberösterreich.
In Norddeutschland wie in Süddeutschland gab es auf dem
Lande auch Schreibschränke, die aus der Kommode entwickelt
wurden.

Kleiderschränke

Der Kleiderschrank fand anders als die Truhe erst spät Eingang in die Bauernhäuser. Die Kleidung, und vor allem die kostbare Tracht, wurde in ihren Einzelteilen liegend in der Truhe
aufbewahrt. Zunächst sind wahrscheinlich Schränke aus Stadt-
haushalten auf das Land gewandert, doch Ende des 17. Jhs.
kann man einige Schränke schon auf ländliche Werkstätten
zurückführen. In manchen Gegenden wurde der Schrank auch
erst Ende des 18. Jhs. aufgenommen.
Die Schränke haben für gewöhnlich eine oder zwei durchgehende Türen. In Oldenburg gab es jedoch noch im 18. Jh.
zweigeschossige Schränke mit vier Türen; sie gehen auf meist
dreigeschossige Wirtschaftsschränke zurück, die wie die Sakristeischränke viel früher in Gebrauch waren. Im Süden sind
dreigeschossige Schränke als sogenannte ›Brandschränke‹ noch
Anfang des 20. Jhs. angefertigt worden. Sie bestehen aus drei
übereinandergesetzten truhenförmigen Teilen mit zwei Türen
vorne und Griffen an den Seiten. Wie der Name sagt, konnte

man in diesen Bewahrmöbeln die Habe bei Gefahr schnell
retten. Sie erinnern an spätgotische, süddeutsche Schränke aus
zwei Teilen, manchmal mit Schubladen dazwischen, die hier
wohl aus der Truhe entwickelt wurden. Zur selben Zeit gab
es aber auch ungeteilte Schränke mit durchgehenden Türen.
Auch später liefen noch verschiedene als praktisch erwiesene
Formen neben dem Kleiderschrank her. Dazu gehören in Süddeutschland seit dem 17. Jh. Halbschränke für Wäsche und
Stoffe.
Die Türen der Kleiderschränke sind fast immer in Felder aufgeteilt, die entweder echte Füllungen sind, oder durch profilierte Leisten in verschiedenen Formen gebildet, mit dem
Schnitzmesser ausgegründet oder durch gemalte Umrahmung

Einrichtung eines süddeutschen Bauernschrankes

begrenzt wurden. Dazu kommen bei bemalten Schränken häufig noch kleine gemalte Felder zusätzlich auf den Friesen, den Sockeln und zwischen den Hauptfeldern. Die Verwandtschaft mit den Truhen zeigt sich darin, daß die Schränke meist auf schweren Sockeln stehen. Manchmal sind Schubladen in die Mitte des Sockels eingearbeitet, doch scheint dies nicht landschaftstypisch zu sein.

Sollen die Schranktüren einen einheitlichen Malgrund abgeben, wie etwa bei den meisten Tölzer Schränken nach 1800, so wird auf die Feldereinteilung verzichtet, doch zeigt sich in der Malerei oft eine Gruppierung.

Durch den Einfluß städtischer Möbel bekommen die Schränke um die Mitte des 18. Jhs. Kugelfüße, die vorderen Kanten werden abgeschrägt, und gegen Ende des Jahrhunderts beginnt sich die obere Linie zu wölben. Das Gesims kann für sich gearbeitet und dem geraden Schrank aufgesetzt sein, es kann auch dem oberen vorderen Brett angeschnitten sein. In Oberbayern und Österreich blieben solche Gesimse, oft noch durch üppige Schnitzereien verziert, gebietsweise bis zur Mitte des 19. Jhs. erhalten. Die oberen Felder auf den Türen, oder auch alle vier, folgen dem Schwung des Giebels.

Die Schränke sind im 19. Jh. allgemein etwas schmaler. Ausnahmen sind jedoch sehr breite Schränke des Bodenseegebietes bis zum Schwarzwald und im Toggenburg, die deshalb bei einem Transport senkrecht in der Mitte geteilt werden können. Im Tiroler Alpbachtal und in anderen entlegenen Alpentälern blieb man immer bei der alten strengen, rechteckigen Form ohne Wölbung und ohne Abschrägung.

SCHRÄNKE

*Oldenburger
Schrank
(zweistöckig)*

*Schrank aus
Badbergen,
18. Jh.*

*Schrank aus dem
Alpbachtal, 18. Jh.*

*Links: Teisendorf
(Obb.), Anfang 19. Jh.
Rechts: Obstädt (Obb.),
Mitte 19. Jh.*

Wirtschaftsmöbel

Im Bauernhaus sind Wirtschaftsschränke und Kleiderschränke deutlich unterschieden. Während die Kleiderschränke erst verhältnismäßig spät verwendet wurden, sind einige Wirtschafts- und Vorratsschränke viel älter und gehen auf mittelalterliche Formen zurück.

Als *Almer* (von lat. armarium und almaria) bezeichnet man im süddeutschen Raum einen schmalen Wirtschaftsschrank. Häufig hat der Almer einen steilen Giebel. Man spricht von ›Almertyp‹, wenn ein Möbel der Grundform gleicht. Eines der schönsten Beispiele bietet der Almer oder *B'halter* (Behalter) aus Wunsiedel, ein Brotschrank aus dem späten 17. Jh. mit zwei übereinanderliegenden Türen auf der rechten Seite und vier Schubladen übereinander neben der unteren Tür. Er schließt an mittelalterliche Stollenschränke an. Möbel dieser Art sind auch in östlichen und südöstlichen Ländern gebräuchlich.

Brotschränke in Norddeutschland sind ebenfalls zweigeschossig, entweder mit vier Türen, zwischen denen zwei Schubladen liegen können, oder mit zwei Türen übereinander.

Ähnliche Schränke sind aus Hessen und Pommern bekannt. Pommersche Schränke aus Jamund haben statt der Füllungen in den oberen Türen ein Holzgitter, das diagonal verläuft. Die Verwendung von Holzgittern, horizontal und vertikal oder diagonal, manchmal in allen vier Füllungen, ist typisch für *Milchschränke* aus der Schwalm in Hessen, die aber durchgehende Türen haben. In den Alpenländern haben Wandschränke häufig Holzgitter für die Durchlüftung. Es ist ihnen, in Erinnerung an den älteren Gebrauch von Korbgeflecht, die Bezeichnung ›*Känsterle*‹ von canistrum = Korb geblieben. Schon in der Gotik wurde auch das Ornament ausgesägt. Eingesetzte, durchlöcherte Bleche sind gleichfalls als alte Methode bekannt.

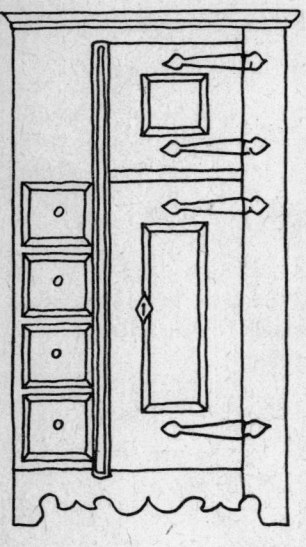

WIRTSCHAFTSMÖBEL

Almer
(Oberfranken)

Brotschrank
(Niedersachsen)

Milchschrank
(Niederrhein)

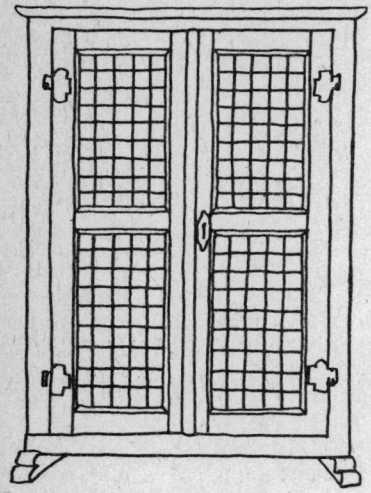

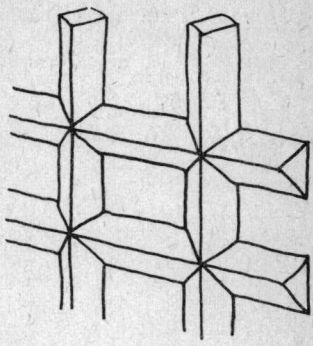

Milchschrank (Schwalm)
mit eigenartig verbundenen
Gitterstäben

Die *Milchschränke vom Niederrhein* sind vorwiegend halbhohe zweitürige Schränke.

Schenkschive: Dieser für Schleswig-Holstein und Niedersachsen charakteristische Geschirrschrank war schon in der Gotik gebräuchlich und wurde bis ins 17. Jh. hergestellt. Der Name kommt von einer herausklappbaren Anrichteplatte in der Mitte, die von Ketten oder Eisenstäben gehalten wird. In meistens drei Geschossen sind viele verschieden große Felder angeordnet. Einige davon sind Türen und Schubladen.

Hörnschapp. Der dreigeschossige Schrank geht auf einen zweigeschossigen kleinen Schrank aus der Spätgotik zurück, der auf der Wandbank in der Ecke steht. Auch sein Platz ist in der Ecke, wie der Name sagt (Hörn = Ecke). Er ist ein verbreitetes Möbel in Skandinavien und in Schleswig-Holstein. Während bei früheren Schränken die Wände durchgehen, wird der mittlere Teil seit Mitte des 17. Jhs. eingezogen. Im 18. Jh. verändern sich die Proportionen. Später wird er nicht mehr hergestellt. Durch den Platz in der Ecke werden nur die beiden sichtbaren Seiten mit Schmuck versehen.

Hörnschapp

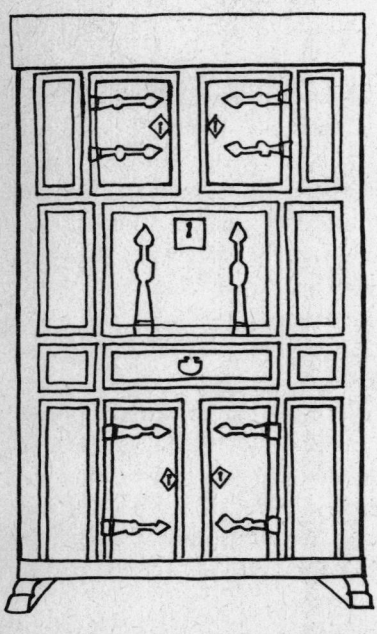

Schenkschive

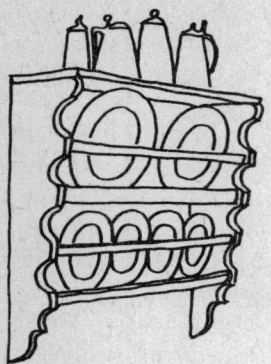

Tellerrem

Anrichte

Büfett

Zur Ausstattung des Wirtschaftsbereichs der Bauernhäuser gehören außer den Schrankmöbeln noch eine Menge anderer Bewahrmöbel und Gestelle, die teils in der Küche, teils in der Stube stehen oder hängen und in einigen Landschaften in die Vertäfelung der Stube eingebaut sind.

Die einfachsten Tellerborde an der Wand, im Süden vielfach ›Tellerrem‹ oder ›Schüsselrem‹ genannt, sind mit ihren buntbemalten Tellern, die durch Leisten gehalten werden, Schmuckstücke für die Stuben. In Hessen kennt man die ›Schüsselbank‹, ein Gestell, das auf dem Boden steht, zum Aufstellen und Aufhängen von Geschirr. In Schleswig-Holstein sind die an der Wand hängenden Tassenborde, zum Präsentieren der schönsten Stücke, dreieckig, haben bogig ausgeschnittene Stellbretter und durchbrochen ausgesägte und bemalte Stützen dazwischen. Die größeren Möbel, die dem Anrichten dienen, sind die *Anrichte* in den norddeutschen Landschaften, das *Büfett* und die sogenannte ›*Dressur*‹ (von frz. dressoir = anrichten) im Süden.

Die Anrichte, in Westfalen und im Bergischen Land auch ›Kannenstock‹ und ›Richtebank‹ genannt, steht meistens im Herdraum des niederdeutschen Hallenhauses. Sie ist aus einem niedrigen Schrank mit zwei oder drei Türen, manchmal auch Schubladen, und einem Tellerbord, vorn mit zwei Balusterstützen, zusammengesetzt. Die Teller werden gegen die Rückwand gelehnt, die Löffel stecken davor oder hängen vorn an den Brettern zwischen je zwei Holzknöpfen. Die Anrichte kann oben, wie es in Holland üblich ist, durch verglaste Türen ganz geschlossen sein, so daß der Platz zum Abstellen und Anrichten wegfällt. Diese Möbel sind in Schleswig-Holstein auch in der Döns eingebaut.

Den norddeutschen Formen entsprechen im Elsaß, in der Schweiz, in Vorarlberg, Südbaden und Schwaben, die Büfetts und in Württemberg die Dressur. Die Büfetts sind oft mächtige, bis zur Decke reichende Möbel, die meist zur Vertäfelung gehören. Sie bestehen aus einem halbhohen Schrank, einem Hängeschrank und einem Anrichteteil dazwischen, das Borde haben oder stufig und mit Schubladen gebaut sein kann. An

Schrank aus Neuengamme bei Hamburg, Ende 16. Jh. *Museum für Kunst und Gewerbe, Hamburg*

Anrichte aus
Ostfriesland,
2. Hälfte 18. Jh.
*German.
Nationalmuseum,
Nürnberg*

Kufentruhe aus
Oldenburg, dat. 1729.
*German.
Nationalmuseum,
Nürnberg*

Kleiderschrank
aus Achtrup,
Krs. Südtondern,
dat. 1766.
*Städt. Museum
Flensburg*

Wiege aus den
Vierlanden,
dat. 1815.
*German.
Nationalmuseum,
Nürnberg*

Armlehnstuhl aus Curslack, Vierlande, dat. 1826. *German. Nationalmuseum, Nürnberg*

Armstuhl, Altes Land, dat. 1795.
*German. Nationalmuseum, Nürn-
berg*

Armlehnstuhl aus Osenfeld, Krs.
Husum, 1. Drittel 19. Jh. *German.
Nationalmuseum, Nürnberg*

Koffer, Lippspringe, dat. 1800. *Landesmuseum Braunschweig*

Brauttruhe aus Volkenröde b. Braunschweig, dat. 1836.
Städt. Museum Braunschweig

Schrank aus Altzauche, Brandenburg, dat. 1839.
German. Nationalmuseum, Nürnberg

Spinnstuhl aus Volksmarsdorf b. Braunschweig, dat. 1810. *Städt. Museum Braunschweig*

Koffer aus Seesen/Harz, dat. 1723. *Städt. Museum Braunschweig*

Schrank aus dem Riesengebirge, um 1800. *German. Nationalmuseum, Nürnberg*

einer Seite steht oft noch ein ebenso eingeteiltes, schmales
Möbel mit einer Waschvorrichtung in der Mitte, bestehend aus
einem zinnernen Kessel mit Kran und einer Schüssel aus Zinn.

Diese in der Renaissance entstandenen Möbel wurden bis ins
17. Jh. hergestellt. Kleinere Büfetts sind in Schwaben noch
im 19. Jh. in Gebrauch. Verwandte Formen gibt es überall
in Ostdeutschland.

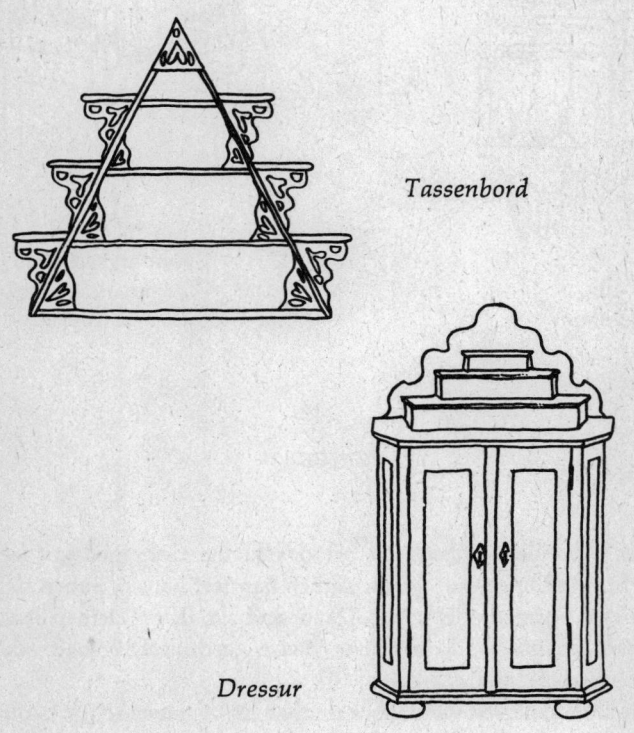

Tassenbord

Dressur

KLEINGERÄT

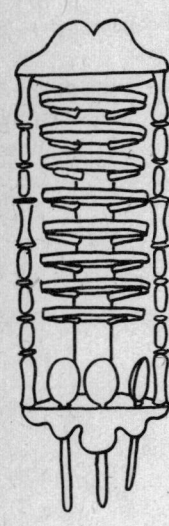

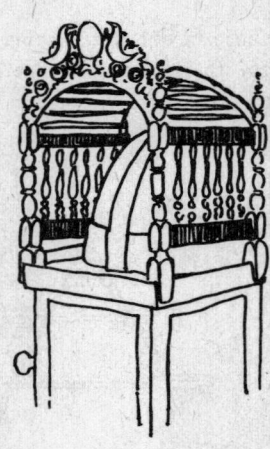

*Trockengestell mit
Wärmeglocke, dem
›Stulp‹ (Schleswig)*

Tellerstapler

Kleingerät

Ganz besonders hübsch ist oft das kleine Gebrauchsgut gemacht. Die Dinge, mit denen täglich hantiert wurde, haben sich
zu guten Formen entwickelt. Dazu sind sie, ihren kleinen Aus-
maßen entsprechend, in feiner Weise geschnitzt, bemalt oder
gedrechselt.

Man kann neidisch werden, wenn man an die eigene Kunststoff-
küche denkt. Wieviel Wärme geht von diesen hölzernen Geräten
aus, ob das gedrechselte und geschnitzte Trockengestelle auf
niederdeutschen Ofen sind, oder Pfeifenrecks, Tellerhalter,
Löffelhalter, Mangelbretter und Salzfässer!

Salzfaß in Hausform
Braunschweig

Löffelhalter, Schlesien

Uhren

Die Uhr steht in einer besonderen Beziehung zum menschlichen
Leben. Ihr Ticken wird häufig als Symbol des menschlichen
Herzschlags empfunden, und das Verstummen einer großen
Uhr, selbst ohne ersichtlichen Grund, wirkt unheimlich und
beunruhigend.
Uhren gehörten auch zum Bauernhaus. Standuhren gab es im
Norden wie im Süden seit dem 17. Jh. Sie konnten ein Teil der
Vertäfelung sein oder frei stehen. Auch an der Wand hängende
Uhren waren überall bekannt. Besondere Berühmtheit erlangten
die Schwarzwälder Uhren. Ihre Uhrenschilder mit dem Ziffer-
blatt wurden seit der Mitte des 17. Jhs. reich bemalt. Die Ende
des 18. Jhs. lackierte, kontrastreiche Blumenmalerei hat auch
sichtbar die Möbelmalerei der Gegend inspiriert. 1738 begann
die Produktion der Schwarzwälder Kuckucksuhren.

Sitzmöbel

Eine besondere Bedeutung hat von alters her der *Stuhl*, als Sitz des Ältesten, als Thron des Herrschers. Auf dem Land hat sich das Gefühl dafür sehr stark erhalten, so gibt es in vielen Gegenden einen bestimmten Stuhl für den Hausherrn und häufig einen bequemen Lehnstuhl, der nur dem Altbauern gebührt. Mit dem Hochzeitsstuhl, den die Braut auf dem Kammerwagen mitbringt, bekundet sie ihren Eintritt in die neue Familie. Man kann andererseits auch jemandem »den Stuhl vor die Tür setzen«.

Die Stühle in den Bauernhäusern bieten nun ein vielfältiges Bild, geschnitzt, bemalt, mit Intarsien geschmückt, mit und ohne Armlehnen oder ganz einfach mit ausgesägter Rückenlehne, die beim Schemel für den Knecht noch fehlt.

Wichtig ist es darum, die Grundtypen zu kennen. Man unterscheidet *Pfostenstühle* und *Brettstühle*.

Der *Pfostenbau* ist älter. Bei einem Vierpfostenstuhl sind die zwei hinteren Pfosten zur Lehne verlängert, die durch Querverbindungen verschiedener Art gebildet wird, bei Armlehnstühlen auch die vorderen entsprechend, so daß die Armlehne gestützt wird. Beim Dreipfostenstuhl, einer Besonderheit vom Niederrhein und aus Westfalen, ist der hintere Pfosten verlängert und sehr verschieden durch kleine Rückenbretter und gedrechselte Stäbe zur Lehne gestaltet. Gebogene Holzbänder sind als Armstützen zu den vorderen Pfosten geführt. Der Sitz ist entweder zwischen die Verbindungshölzer eingeflochten oder als Brett in die Hölzer eingesetzt oder aufgelegt.

Die Pfosten können gedrechselt oder vierkantig sein. Sehr oft sind sie auch nur an den Verbindungsstellen zum besseren Halt vierkantig belassen, während die Kanten dazwischen abgeflacht sind.

Pfostenstühle gibt es überall, doch vorherrschend sind sie in Norddeutschland, wo sie sich zu charakteristischen Formen, die

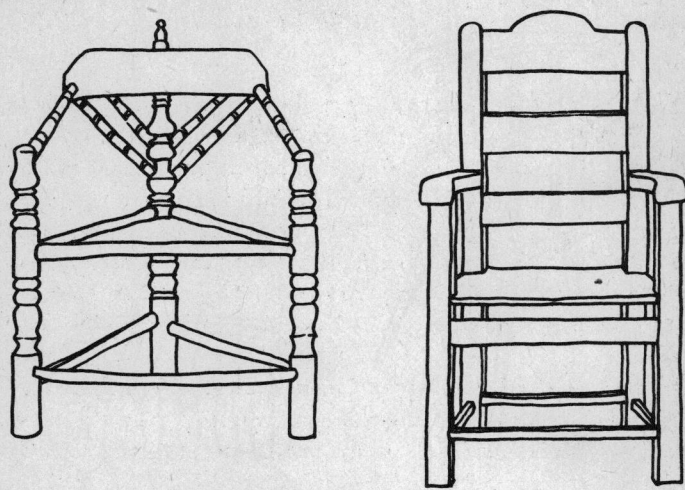

PFOSTENSTÜHLE: links Dreipfosten-, rechts Vierpfostenstuhl

manchmal ausschließlich das Werk des Drechslers sind, entwickelt haben. Bei anderen sind Drechsler- und Schreinerarbeit miteinander verbunden, so, daß die Lehnen aus geschnitzten, ausgesägten oder eingelegten Brettern bestehen.

Leiterartige Lehnen mit mehreren schmalen Brettern übereinander gehen auf holländische Vorbilder zurück.

Um Braunschweig gibt es neben gedrechselten Stühlen auch solche, die ganz vom Schreiner gefertigt und mit Schnitz- und Ritzdekor verziert sind.

Ein Höhepunkt des Vierpfostenstuhls ist der *Schwälmer Brautstuhl* mit der weitausladenden Lehne, die sich erst um 1800 entwickelt hat. Im Gegensatz zu älteren Stühlen mit etwas ausgesägtem und geschnitztem Dekor sind die späteren mit Kerbschnitt, Flachschnitt, Drechsel- und Aussägearbeit und Farbe reich geschmückt als Blickfang auf dem Kammerwagen. Gewisse Eigenheiten wie die Lehnenform, ausgesägte Tulpen

BRETTSTÜHLE

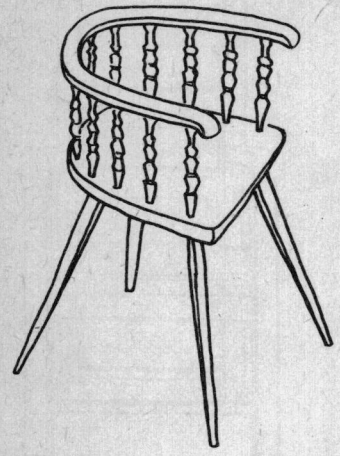

*mit Armlehne
auf gedrechselten Stützen*

*mit Armlehne
auf ausgesägten Stützen*

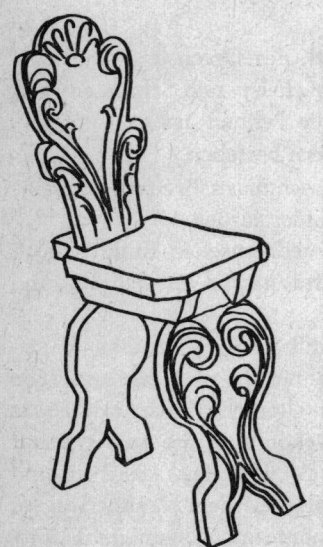

mit zwei Standbrettern

Brettstuhl und Schemel

oder Vögel am Ende der Pfosten, kleine Balustraden und große
Farbenfreude lassen alte Verbindungen zur Ostseeküste (Ja-
mund/Pommern) und bis nach Skandinavien ahnen. Andere
hessische Stühle haben sehr steile, eher nach oben schmäler
werdende Lehnen mit ausgesägtem Dekor, Schnitzerei, Drech-
selarbeit und etwas Farbe.

Die *Brettstühle* unterscheiden sich von den Pfostenstühlen
grundlegend in der Konstruktion. Lehne und Beine werden für
sich in den Sitz, der ganz verschiedene Formen haben kann, ein-
gezapft.
Die schrägstehenden Beine können glatt, gedrechselt oder beschnitzt sein. Die Lehnen bieten Schnitzern und Malern ein
reiches Betätigungsfeld. Das meistens vorhandene Griffloch
gehört oft zum Dekor, z. B. als Maul einer Maske.
Brettstühle gibt es schon in der Lüneburger Heide, auch im
Osten, in Pommern, Brandenburg und Schlesien und in Mittel-

deutschland sind sie in Gebrauch. Südlich der Mainlinie aber
sind sie die typischen Bauernstühle geworden, obwohl sie früher
auch sehr häufig in Adels- und Bürgerhäusern standen, wie
manches aufwendig verzierte Stück zeigt.

Der Name, lateinisch *scabellum* – ital. *scabello* – deutsch *Sche-
mel*, manchmal auch *Schabellen-Stuhl*, weist auf italienische
Herkunft hin. Die alte italienische Form mit zwei geschnitzten
Brettern statt der Beine kam in den Grenzgebieten vor.

Die Stühle sind, bis auf die bemalten, aus Hartholz angefertigt.
Oft bestehen Lehne, Sitz und Beine aus verschiedenen Hölzern.
Ein Motiv für die Auszier der Lehnen tritt fast überall auf,
nämlich das des Doppeladlers zur Erinnerung an die Reichsein-
heit. Es hat sich im Laufe der Zeit manchmal bis zur Unkennt-
lichkeit verschliffen und ist oft nur noch als Umriß da. Weitverbreitet ist auch das Schlangenmotiv aus zwei Schlangen, die die
Lehne als Schnitzdekor bilden. Man findet es in Südwestdeutsch-
land, im Elsaß, in Franken und in Tirol.

Um und nördlich von Braunschweig kommt die Darstellung
einer einzelnen, in sich verschlungenen Schlange mit Krönchen
vor. Es soll sich dabei um eine sagenhafte Schlangenkönigin
handeln. Stühle im Elsaß und im Schwarzwald können ein ver-
schlungenes, endloses Band als Lehne haben.

Zwei gegeneinanderstehende Herzen als Lehne lassen den Stuhl
als Brautstuhl erkennen, ein häufiges Motiv in Hessen und im
Südwesten.

Typisch für Hessen ist auch der Löwe, das Wappentier, und das
Motiv der zwei Pelikane, die sich die Brust für ihre Kinder öffnen.

In Süddeutschland und Oberösterreich sind die geschwungen
ausgeschnittenen Lehnen oft bemalt, mit Blumen und je nach
Verwendung z. B. mit hochzeitlichen Motiven.

Zunftstühle sind natürlich mit den dem Handwerk entsprechenden Symbolen geschmückt.

Eine Form des Brettstuhls, auch weitverbreitet, mit halbrundem
Sitz hat eine gebogene Armlehne, die auf gedrechselten Stützen

BRETTSTUHLLEHNEN

Einfache Schlange

Doppelschlange

Doppelherzen

Unendliches Band

Doppeladler

ruht. An einigen Egerländer Stühlen sind die Stützen geschnitzte Figuren. Im Egerland werden sie *Rundstöll* genannt, in der Schweiz spricht man von *Stabellen*. Bei den Spinnstühlen fehlt eine Armlehne, damit man besser hantieren kann.

In beiden Konstruktionsarten gibt es *Bänke*, auch mit umlegbarer Lehne.

Aus der Truhe entwickelte sich schon in der Gotik die Truhenbank mit Lehne, die *Sidel*. Sie war, mit hochgeklapptem Sitz, im Bauernhaus auch Kinderbett.

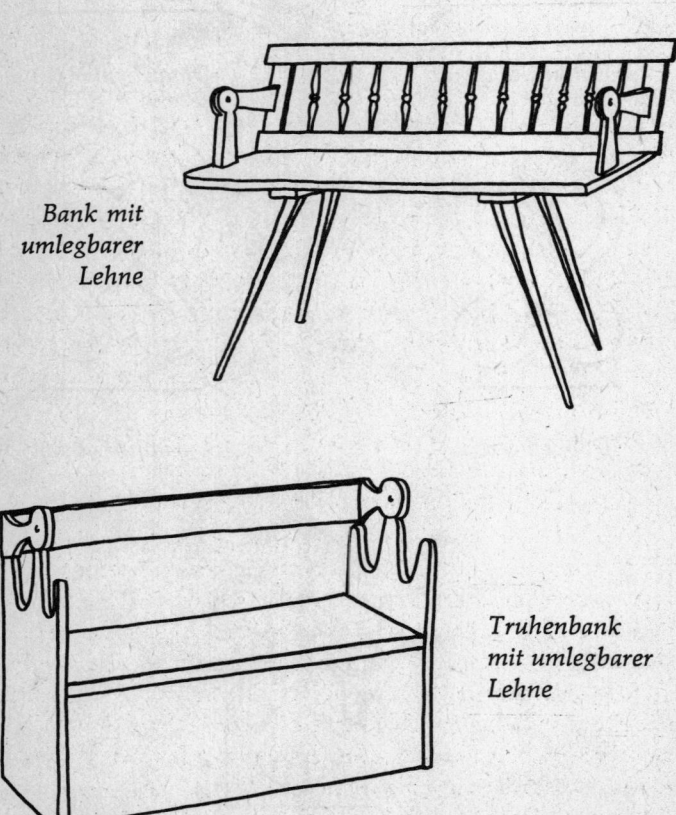

Bank mit
umlegbarer
Lehne

Truhenbank
mit umlegbarer
Lehne

Tische

Wenn man bedenkt, daß der Tisch einmal aus zwei Böcken und einer darübergelegten Platte bestand und man nach dem Essen einfach ›die Tafel aufhob‹ und in die Ecke räumte, so hat sich besonders im Bauernhaus eine beachtliche Entwicklung des Tisches und seiner Umgebung ergeben.

Der Tisch war in allen Bauernhäusern eines der wichtigsten Möbelstücke. Um ihn versammelte sich die ganze Familie mit dem Gesinde nach einer festen Rangordnung zu den Mahlzeiten, hier schloß man Geschäfte ab oder saß zwanglos beisammen. Im niederdeutschen Hallenhaus stand er in einer Seitenabteilung des Fletts und hatte die dem Raum entsprechende rechteckige Form. Im oberdeutschen Haus war er oft quadratisch wie die Stube, deren Fensterecke er ausfüllte, umgeben von den wandfesten Bänken und einigen beweglichen Bänken oder Stühlen. Der ›Herrgottswinkel‹ (in katholischen Gegenden) darüber, in der Ecke, mit dem Kruzifix, Heiligenbildern und Blumenschmuck, betonte hier auch die zentrale Bedeutung des Tisches. Achteckige Tische kamen häufig in Vorarlberg vor, aber auch in Oberbayern, in Schwaben und in der Schweiz. Mitunter sind die Tische in Tirol einem Erker eingepaßt worden und daher sechseckig, öfter aber rund.

Runde Tische mit drei Beinen und einer Zwischenplatte gab es in Niederdeutschland.

Die Konstruktionen einiger bäuerlicher Tische wie *Schragentische* und *Bocktische* waren schon in der Spätgotik vorgebildet und blieben bis ins 19. Jh. erhalten. Der Schragentisch steht auf gekreuzten Beinen, die in ihrem Kreuzungspunkt durch ein Querholz fixiert sind, während der Unterbau des Bocktisches ein Gestell mit Wangen oder Beinpaaren ist, durch Querhölzer verbunden und mit oder ohne Fußbretter. Der Typ des letzteren mit einem Kasten unter der Platte (er kann durch Verschieben der Platte geöffnet werden) und manchmal noch mit einer nach unten abgeschrägten Schublade darunter, war in der Rhön und dem angrenzenden Hessen und in Franken in Gebrauch.

Den gleichen Aufbau haben die *Kastentische*, bei denen der Kasten unter der Platte zu einem Schränkchen mit Türen vergrößert ist. Sie waren in Niederdeutschland, auch in einer länglichen Form, vereinzelt gebräuchlich.

Tische mit *schrägen, vom Drechsler gefertigten Beinen*, mit und ohne Fußleisten, fand man von den Alpenländern bis nach Thüringen.

In Niederdeutschland war der *Pfostentisch* mit mächtigen geraden Balusterbeinen, nach holländischem Vorbild, seit 1700 die häufigste Form.

Außer solchen schweren Tischen, deren Platten zumindest aus unverwüstlichem Hartholz bestehen, im Süden oft noch mit einer Stein- oder Schiefereinlage versehen sind, gab es eine Reihe leichterer, praktischerer *Klapptische*. An der Wand befestigte, mit einer Stütze, waren weitverbreitet und dienten als Arbeitstisch und separater Eßtisch.

Bewegliche Klapptische waren in Niederdeutschland verbreitet. Bei einigen ist der Einfluß des englischen ›gate leg table‹ zu spüren. Aus einem rechteckigen Tisch wird durch Hochklappen zweier herunterhängender halbkreisförmiger Platten und Herausdrehen von zwei Beingestellen ein großer, ovaler Tisch. Es gibt auch Tische mit viereckigen Platten zum Vergrößern. Eine vieleckige Form mit dreibeinigem Gestell kann flach zusammengeklappt und an die Wand gestellt werden.

Tischplatten boten sich immer zum bildhaften Gestalten an. Feine Malereien und kostbare Einlegearbeiten aus Holz und Stein von namhaften Künstlern gingen den bäuerlichen Arbeiten voraus. Besonders die Klapptische wurden gern bemalt; wenn sie zusammengeklappt sind, wirkt ihr Schmuck wie ein Bild.

TISCHE

Wangentisch

Schragen-tisch

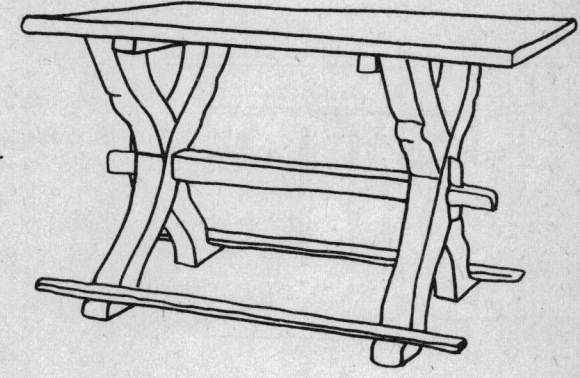

Tisch mit tiefer Zarge

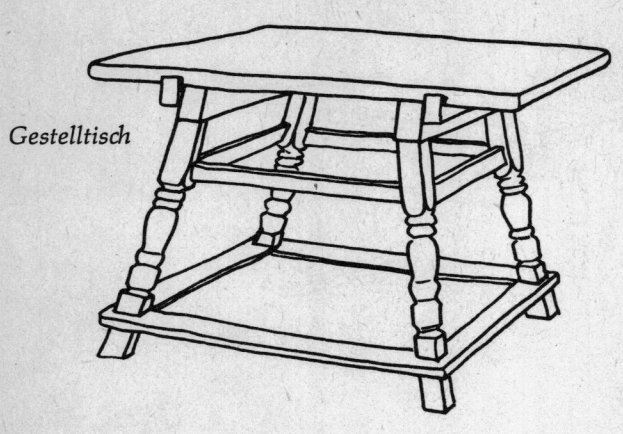

Gestelltisch

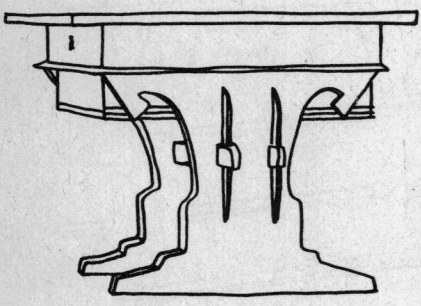

Gotischer Kastentisch

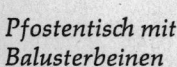

Pfostentisch mit Balusterbeinen

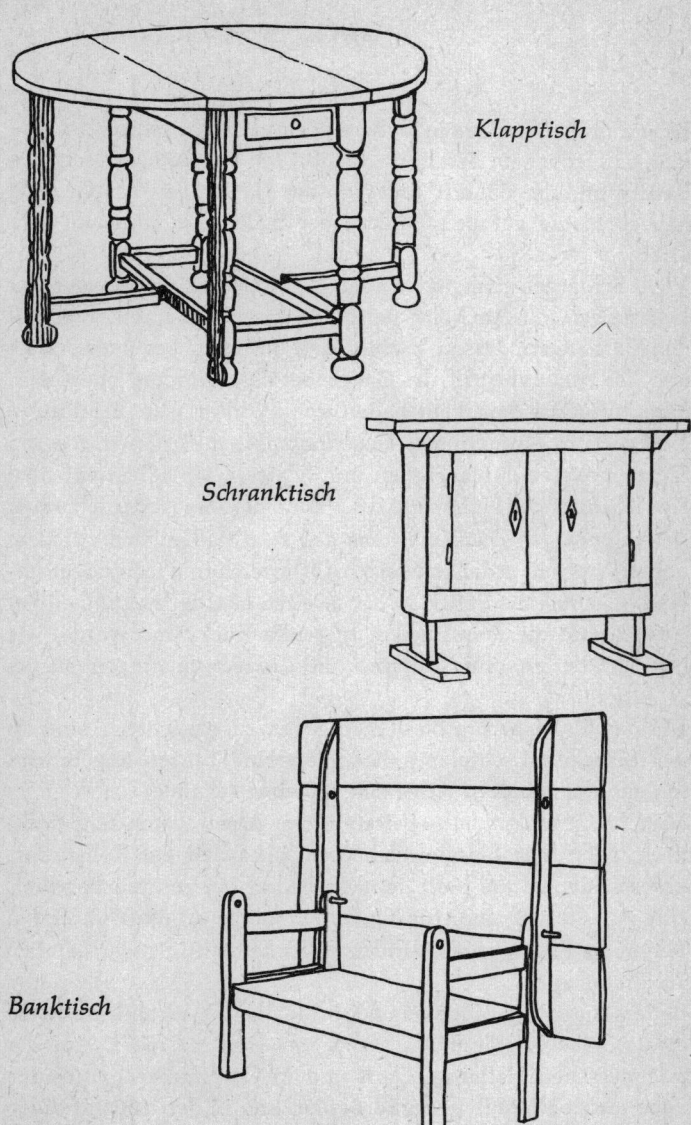

Klapptisch

Schranktisch

Banktisch

Betten

Es war im Bauernhaus in früherer Zeit gar nicht selbstverständlich, daß jeder sein Bett hatte. Häufig war das Bett Vorrecht des Bauern und der Bäuerin und evtl. des Gastes. Für das Gesinde gab es Plätze auf den Bänken der Stube, um und auf dem Ofen.

Viele Schlafgelegenheiten haben sich seitdem entwickelt. Das *Himmelbett* mit dem hölzernen Baldachin und den umschließenden Vorhängen, dessen Vorbild eine Bettform der Renaissance war, ist zum Inbegriff des Bauernbettes geworden, obwohl es auch in städtischen Haushalten gebräuchlich war. Prächtig — ernst oft im Norden, aus Eichenholz, beschnitzt, wirkt es im Süden heiterer durch Farben und Malerei, vor allem auf dem Kopfteil und der Unterseite des ›Himmels‹. Bei niederdeutschen Betten ruht das Dach meistens auf zwei Säulen und auf dem hohen Kopfteil, in der Schweiz, in Österreich und in Süddeutschland bekamen die Betten in der zweiten Hälfte des 18. Jhs. vier Säulen, und die ursprünglich tragende Rückwand wurde, wie bei den Betten ohne Himmel, in Rokokoschwüngen ausgeschnitten.

Um das Einsteigen in die hohen Betten zu erleichtern, sind an westfälischen Exemplaren hochklappbare Stufen angebracht, in den Alpenländern tat es eine danebenstehende Truhe.

Manche besonders hohe Betten in den Alpen waren sehr praktisch, denn man konnte noch ein flaches Bett auf Rollen darunter schieben und hatte je nach Bedarf ein zusätzliches Bett; eine gute Lösung auch für Kinderbetten, die tagsüber unter den Betten der Eltern verschwanden. Diese Einrichtung war seit dem 16. Jh. bekannt.

Betten zum Verwandeln sind in kleinen Wohnungen heute etwas Selbstverständliches, doch neu sind sie nicht. Auf der pommerschen Halbinsel Darß und in Ostpreußen gab es um 1800 ausziehbare Betten und Bänke, und in den Alpen fanden sich Betten zum ›Mitwachsen‹.

BETTEN

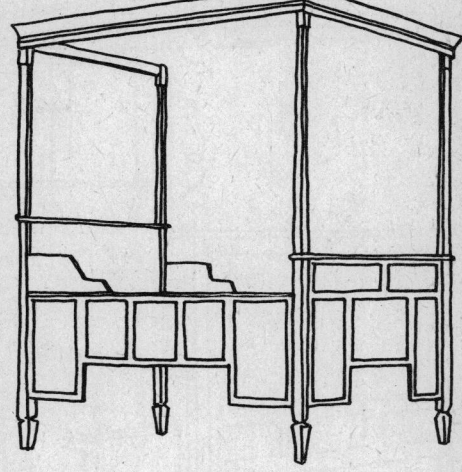

Bett mit
Pfosten und
Rahmen, Hessen

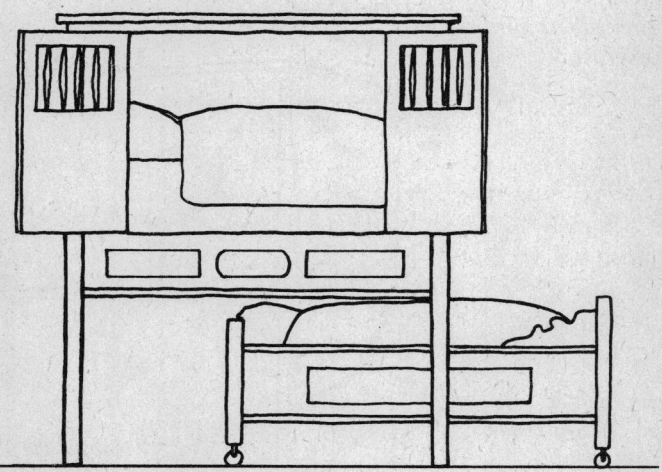

Schrankbett zum Unterschieben
(gezeichnet nach einem Beispiel aus ›Bauernmöbel in den Alpen‹
von Dr. Franz Coleselli)

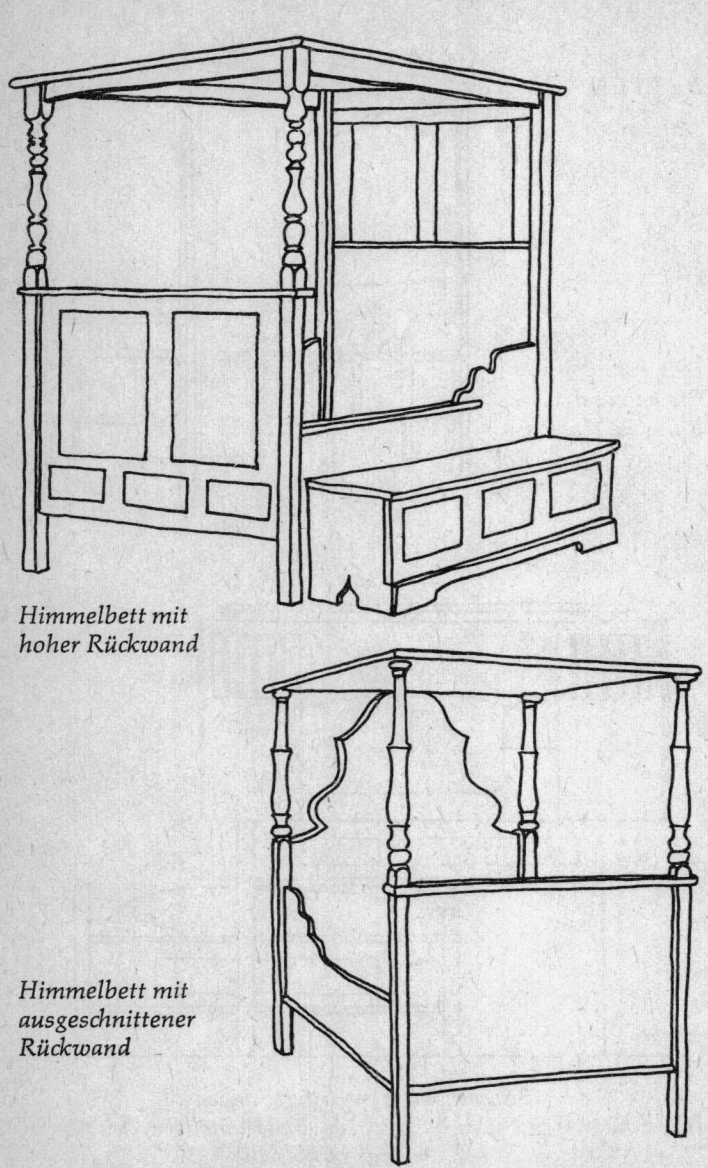

*Himmelbett mit
hoher Rückwand*

*Himmelbett mit
ausgeschnittener
Rückwand*

Bett zum
Ausziehen
(Darß)

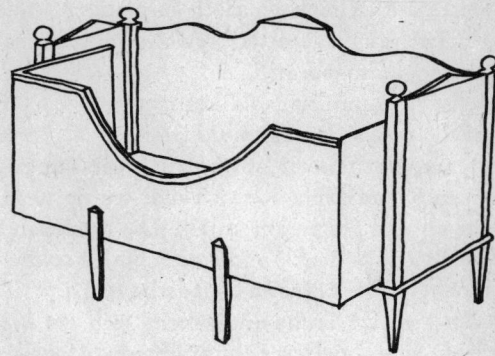

Spannbett aus Schlesien

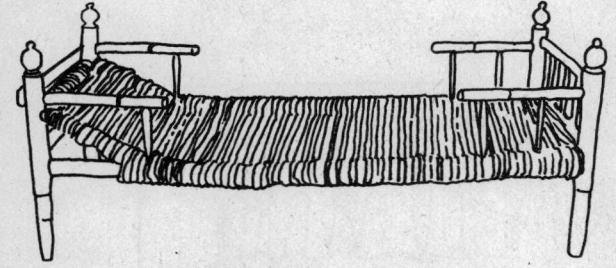

Westfälisches
Himmelbett mit
Schränkchen in
der Rückwand
und Einstiegs-
vorrichtung

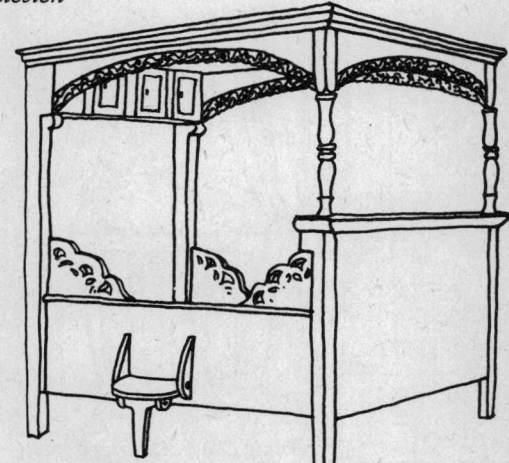

Interessant ist auch ein Tisch aus dem 18. Jh., der, auseinander-geklappt, eine Liegestatt ergibt. Tagsüber ist im Innern das Bettzeug untergebracht.

Vielleicht kann man als konsequente Weiterentwicklung des Himmelbettes das *Schrankbett* oder *Kastenbett* ansehen, das rundum geschlossen ist und mit einer Tür zugemacht wird. Es ist ein Kleinstraum für sich und wurde wohl in Durchgangs-räumen und Fluren aufgestellt. Die Rückwand kann fehlen, da es meistens an der Wand stand. Einige solche Exemplare stam-men aus dem 18. Jh. aus Niederbayern.

Auch aus der Truhe entwickelte sich ein Bett mit allen Vor-zügen eines vielseitig brauchbaren Möbels. Handwerker in

Butze aus Schleswig-Holstein

Niederbayern nahmen es gern mit, wenn sie eine Auftragsarbeit annahmen, ›auf die Stör gingen‹.

Neben diesen besonderen Formen gab es immer ganz einfache Pfostenbetten mit Seiten- und Kopf- und Fußbrettern.

Um 1800 waren auf dem Lande auch leichte Spannbetten bekannt, die vom Drechsler gemacht wurden. Die erhaltenen Stücke aus der Kitzinger Gegend und aus Schlesien weisen eine Bespannung des Rahmens mit Gurten, bzw. Strohgeflecht auf.

Ein ebenfalls leichteres Möbel ist die *Gautsche* oder *Gutschi*, die in schwäbischen und Schweizer Stuben in Ofennähe steht und dem Hausherrn als Tagesruhebett diente. Es ist ein sofa- oder chaiselongueartiges Möbel.

In Niederdeutschland waren eingebaute Betten als Teil der Vertäfelung wichtiger als die beweglichen. Sie wurden seit dem späten Mittelalter zunächst vom Flett abgeteilt und später in den Wohnraum, die Döns, übernommen. Sie haben Schiebetüren, Klapptüren oder schwere Beiderwandvorhänge mit charakteristischen Motiven. Die Namen *Butze* und *Durk* aus der Seemannssprache deuten auf die Schiffskoje als Vorbild. Am Niederrhein hießen sie *Beddekast*. Interessant ist es, daß auch im Elsaß der Alkoven innerhalb der Vertäfelung ein gebräuchlicher Schlafplatz war (Alkoven von arab. al kobba = Nebengemach).

Kinderwiegen und Kinderbetten

Diese kleinen Möbel wurden überall liebevoll ausgestattet und geschmückt. Symbole und Sprüche wünschten dem Kind Glück. Die älteste, einfachste Wiege war eine Hängewiege, ein Kasten oder ein Korb, der in bequemer Höhe an der Decke aufgehängt war. Sie hat sich noch bis ins 19. Jh. vereinzelt in Mitteleuropa erhalten. Neben ihr entwickelten sich die verschiedenen transportablen Wiegen, die sie schließlich verdrängten. Die bekannteste und ehemals verbreitetste Form ist die *querschwingende Kufenwiege* mit vier meist schräg stehenden Pfosten, in die unten in einen Schlitz die Kufen eingesetzt sind. Der Wiegenkasten kann auf den Kufen aufliegen, wie in Süddeutschland, in Österreich und in der Schweiz, oder durch längere Pfosten von den Kufen abgehoben sein. Bei den Querschwingern stehen Kopf- und Fußteil senkrecht und die Seitenwände schräg.

Bei den seltenen *längsschwingenden Wiegen* aus dem südlichen Westfalen und aus Hessen stehen Kopf- und Fußbrett schräg und die Seitenwände senkrecht.

Als Kombination der beiden Typen gilt der *Doppelschwinger*, dessen Kasten man über den Kufen umstellen kann, so daß er quer oder längs schwingt. Wie beim Längsschwinger, in dessen Nachbarschaft er nach Norden zu vorkam, sind Kopf- und Fußteil schräg.

Bei einer anderen Wiegenform, der *Ständerwiege*, ist das Bettchen beweglich in einem feststehenden Gestell aufgehängt. Sie war in Niederdeutschland, in Hessen und in der Oberpfalz bekannt. Im Schwarzwald entwickelte sich eine Mischform, eine *im Gestell hängende Kufenwiege*.

Im Egerland und in der Oberpfalz wurde der Wiegenkasten auch auf vier schräge Beine gesetzt. Die Wiege ist zum *Bett* geworden. Praktische Verbindungen zwischen Gitterbettchen und Kommode oder Truhenbett mit Spielzeugschublade sind aus Tirol bekannt. Daneben gab es die Laden auf Rollen, die man unter die Betten der Eltern schob, und richtige Bettchen.

Fast alle Wiegen und Betten haben an den Längsseiten Knöpfe zum Befestigen der Bettdecke.

Typisch sind für Wiegen aus Tirol, aus der Schweiz und dem angrenzenden Elsaß, Schwarzwald und dem Berchtesgadener Land aus erhitztem Holz gebogene, schön verzierte Wiegenbögen, die am Kopfende in die Seitenwände gesteckt werden und ein schützendes Tuch hielten. Ähnlich ist der Schellenbogen, der außer in Tirol und der Schweiz auch in Franken üblich war. Die gleiche Funktion hatte im Schwarzwald und im Hunsrück ein aufklappbares Gestell am Kopfende. Wiegen mit festem Verdeck sind aus der Eifel und der Braunschweiger Gegend bekannt. Diese Form gab es in Irland auch aus Weide geflochten.

WIEGEN

Querschwinger

Längsschwinger

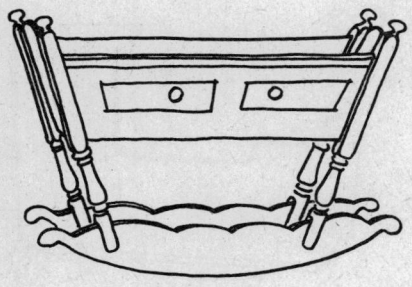

Doppelschwinger

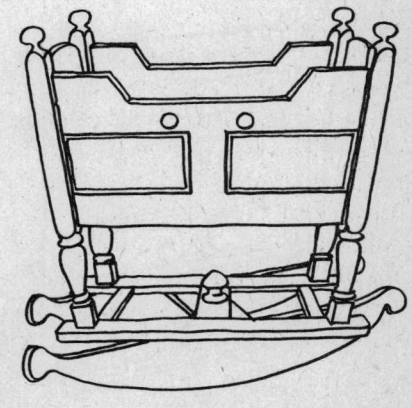

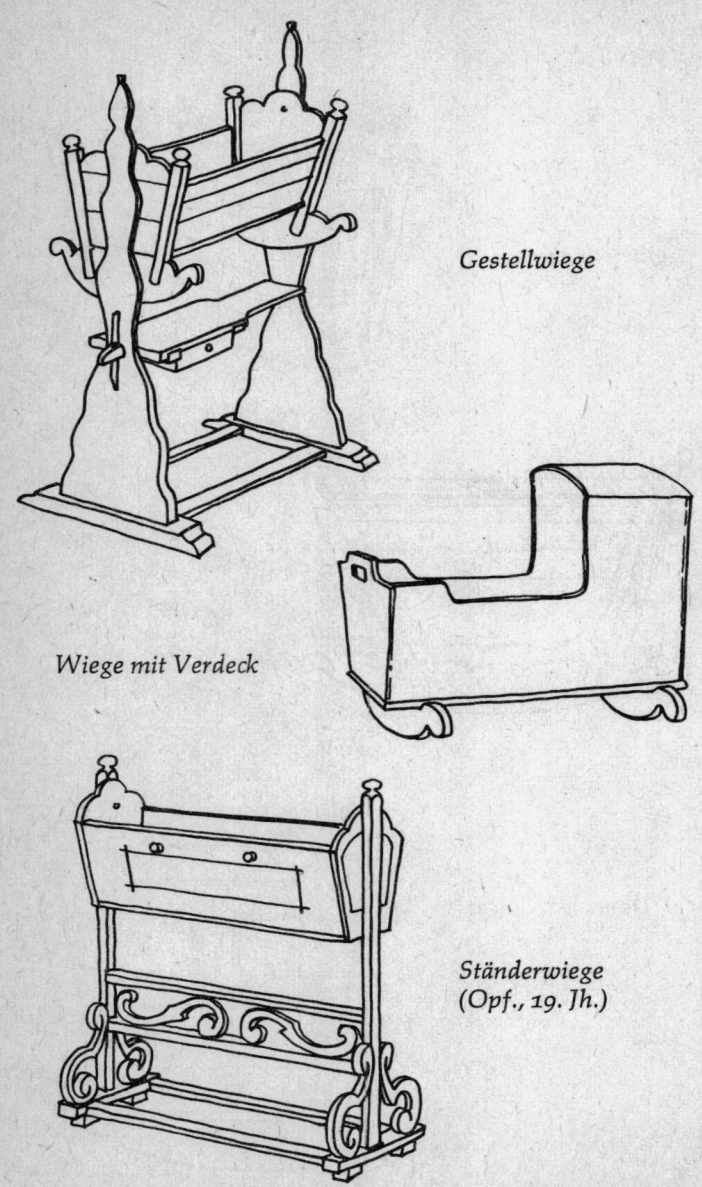

Gestellwiege

Wiege mit Verdeck

*Ständerwiege
(Opf., 19. Jh.)*

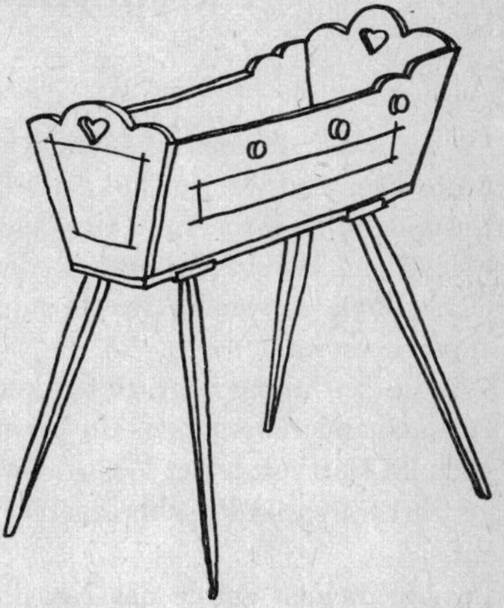

Kinderbett

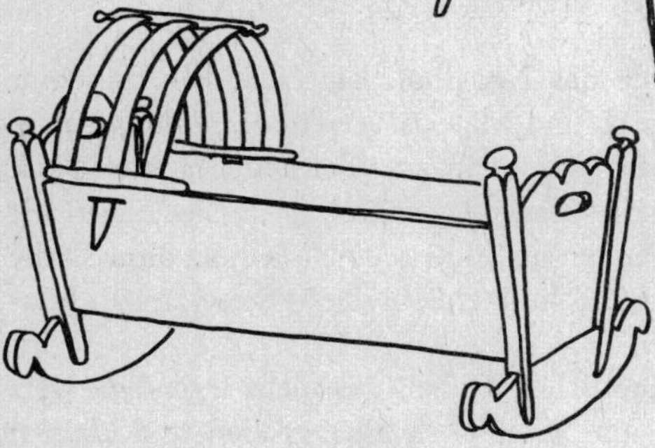

*Wiege mit
Wiegenbogen*

*Wiege mit
Kommode
verbunden*

Die Ausschmückung

Da das Holz, aus dem die ländlichen Möbel gemacht wurden, mitbestimmend war für die Ausschmückung, soll zunächst die Karte deutlich machen, wo im deutschsprachigen Gebiet Hartholz (Eiche, Nußbaum, Buche, Ahorn und Obsthölzer) für die Herstellung verwendet wurde und wo man auf Nadelhölzer angewiesen war.

Wie die Zeichnung zeigt, gibt es keine klare Grenzlinie, sondern ein Ineinanderübergehen, ein Überschneiden. Es kam vor, daß auch im Hartholzgebiet Weichholz verarbeitet wurde, und umgekehrt traten im Weichholzgebiet stellenweise Hartholzmöbel auf.

Im allgemeinen wurde das Nadelholz als Holz von minderer Qualität durch Anstrich und Malerei verschönt, während man das Hartholz durch Schnitzereien zur Geltung brachte. Doch wurde auch beschnitztes Hartholz im Norden farbig behandelt und in manchen Gegenden im Süden das Nadelholz ohne Farbe gelassen und nur durch Schnitzereien, die aufgesetzt sein können, verziert.

Es gibt kaum ein bäuerliches Möbel, das nicht irgendwie verziert ist. Die Freude am Schmücken aller großen und kleinen Gebrauchsgegenstände mit beziehungsreichen Motiven und Mustern liegt der ländlichen Bevölkerung fast überall in Europa im Blut. Manche Schmucktechniken und Motive weisen eindeutig auf bestimmte Landschaften hin, andere waren weiter verbreitet oder sogar allgemein bekannt. Viele hingen von der jeweils verwendeten Holzart ab, auch von den städtischen Vorbildern und natürlich von der Mentalität der Bevölkerung. Die ›Auszier‹ bestimmt das Gesicht des Möbels, sie ist auch der wichtigste Faktor zum Erkennen seiner Herkunft und Entstehungszeit, was oft durch Jahreszahlen und Namen im Dekor erleichtert wird.

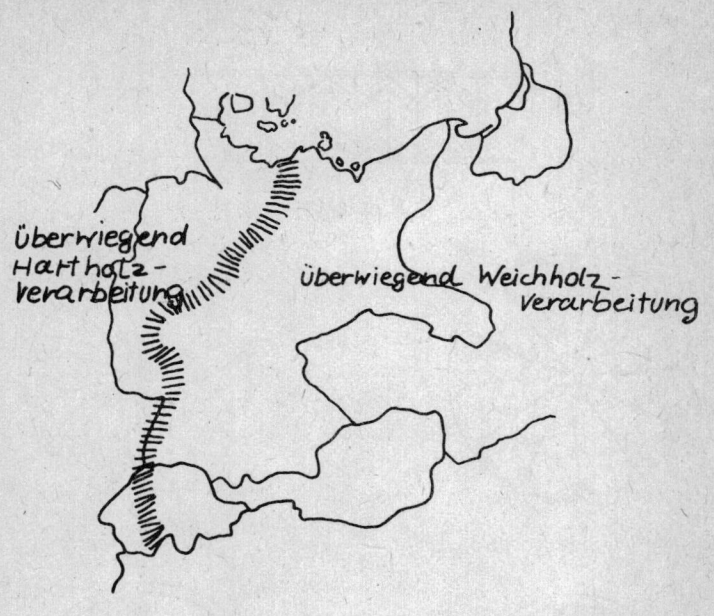

überwiegend Hartholz-verarbeitung

überwiegend Weichholz-verarbeitung

Ritzdekor

Am einfachsten ist der eingeritzte Dekor, der mit einem spitzen Instrument hergestellt werden kann, aber auch mit U-förmigen Schnitzmessern.

Der einfachen Herstellung entspricht die schlichte Wirkung der geraden und durch Überschneidungen Muster bildenden Linien, der Sterne, Rosetten und ausfüllenden Strichelungen, wie man sie besonders auf den noch im 19. Jh. altertümlich gearbeiteten Stollentruhen aus der Rhön findet.

Diese Verzierungstechnik kommt gelegentlich auch in anderen Gegenden vor, manchmal kombiniert mit Kerbschnitt, Flach-schnitt und Reliefschnitzerei. Die so geschmückten Möbel sind meistens aus Hartholz gefertigt.

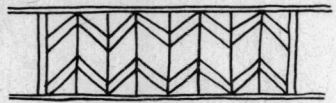

Ritzdekor

Mehrteilige Rosette

Wirbelrosette

Sonnenrad

Doppelherzen

Akanthus

Rocaille

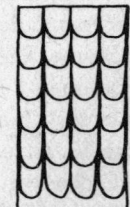

Schuppenmuster

Kerbschnitt

Ausgeprägter ist der Kerbschnittdekor, der mit dem Messer in verschieden gesetzten Schnitten ausgehoben wird. In dieser alten, seit der Romantik beibehaltenen Technik sind strenge Ornamente, meist Rosetten und Wirbelrosetten, Sinnbilder für die Sonne und die sich drehende Sonne, nach dem Zirkelschlag gearbeitet. In Norddeutschland ist besonders reich das kleinere Hausgerät mit Kerbschnitt verziert, jedoch auch Mobiliar. In den Hochalpen Österreichs und der Schweiz ist er dominierender Dekor für die massiven Truhen und Wiegen, die er in großen, nebeneinandergesetzten Ornamenten schmückt.

In Verbindung mit Farbe ist der Kerbschnitt typisch für die Schwälmer Brautstühle in Hessen.

Seine Anwendung für Bauernmöbel war bis ins 19. Jh. üblich.

Kerbschnitt

Zirkelschlag

Aus dem Zirkelschlag entwickeltes Ornament

Flachschnitt

Der Flachschnitt, in den Alpenländern schon während der Spätgotik oft zu finden, blieb als Schmuck des bäuerlichen Inventars bis ins 19. Jh. erhalten. Er gilt als besonders geeignet für das langfaserige weiche Nadelholz, wurde aber auch in Norddeutschland in einem wichtigen Dekor für Möbel aus Eichenholz. Typisch sind die großzügigen, flächigen Rankenmotive, Tulpenbäumchen im Norden, Tiere und manchmal auch Menschen, die in dem flach ausgehobenen Grund, der noch mit dem Punzeisen behandelt sein kann, stehen bleiben.

Gesägter Dekor

Flach ist auch der durchbrochene, ausgesägte Dekor, der in schmalen Ranken- und Laubwerkkanten norddeutsche Geschirrborde und Himmelbetten, noch zusätzlich zum Schnitzwerk, ziert. Die Lehnen einiger Husumer und Schwälmer Brautstühle sind mit durchbrochenen Verzierungen, Ornamenten und Namenszügen versehen. Man kann auch die bewegten Umrisse der Brettstühle, der Wiegenwände, der vorgeblendeten Truhenbretter und Kopfenden süddeutscher Betten damit zusammenbringen.

Flachschnitt   Gesägter Dekor

Intarsia

Seltener sind Einlegearbeiten am bäuerlichen Mobiliar zu finden. Meistens beschränken sie sich auf einfache Motive wie Sterne, Muster, Ranken und Blüten im Norden wie im Süden. Reiche Intarsien aus vielen verschiedenen Hölzern, Blumensträuße in Vasen, Figuren oder Vögel darstellend, gab es dagegen im Umland von Hamburg, in den Vierlanden und in der Wilstermarsch. Aus der Probstei sind figürliche Darstellungen bekannt, Soldaten, die das Schloß einer Truhe bewachen, ein Motiv, das auch von der Malerei aufgenommen wurde, aus Hessen stammt eine Darstellung des Hl. Georg als Drachentöter,

Kastentische aus der Rhön sind zuweilen mit Abendmahlsdar-
stellungen geschmückt, und in Bayern und Österreich gibt es
Tischplatten, auf deren Bedeutung durch Einlagen von Eßbesteck in den Ecken hingewiesen wird.

Einlegearbeiten auf Bauernmöbeln sind in der Regel nur aus
Holz. Einlagen aus Zinn, Messing, Perlmutt, Elfenbein oder
Schildpatt blieben dem höfischen oder städtischen Möbel vor-
behalten.

Man unterscheidet *Kernintarsia*, bei der das andersartige Holz
in das Kernholz eingelegt wird, und *Furnierintarsia*, wobei ein
Bild aus ausgeschnittenen Furnierteilchen in das Furnier eingelegt wird.

Intarsiamotiv

Reliefschnitzerei

Einen wichtigen Teil des bäuerlichen Möbelschmucks machen
die Schnitzereien aus, als stark plastisches oder flaches Relief,
aus dem Holz herausgearbeitet oder aufgesetzt. Sie erscheinen
auch zusammen mit anderen Techniken, wie Punzierung, Ritz-
und Kerbschnittdekor oder Anstrich und Malerei.

Besonders geeignet für feine Schnitzarbeiten sind die kurz-
faserigen Harthölzer, Eiche, Nußbaum, Buche, Ahorn und die
verschiedenen Obsthölzer, doch man beschnitzte auch Nadelhölzer und setzte Schnitzereien aus Linde auf.

Die Motive sind Ornamente, Symbole und Naturformen, wie
sie das Kunsthandwerk vor allem seit der Renaissance verwendete. Menschendarstellungen sind selten.

Schrank aus dem
Egerland, dat. 1796.
*German.
Nationalmuseum,
Nürnberg*

Eintüriger Schrank
aus Nordostböhmen,
1. Hälfte 19. Jh.
Národní museum, Prag

Kasten, Tölzer Art (blauer Grund), dat. 1834. *Museum Regensburg*

Kasten aus der Miesbacher
Gegend, um 1860.
*German. Nationalmuseum,
Nürnberg*

Miesbacher Truhe,
sog. ›Türkenmöbel‹,
dat. 1661.
*German. Nationalmuseum,
Nürnberg*

Miesbacher Kasten, dat. 1749. German. Nationalmuseum, Nürnberg

Unterseite eines Betthimmels von Anton Perthaler, Degerndorf b.
Brannenburg, dat. 1781. *German. Nationalmuseum, Nürnberg*

Kasten aus Sarching, Ldkrs. Regensburg, um 1840.
Museum Regensburg

Bett aus der Gegend um Füssen (Lechtal), dat. 1799.
German. Nationalmuseum, Nürnberg

Schrank aus Günzburg, um 1800.
German. Nationalmuseum, Nürnberg

Aufgesetzte Dekorteile

Geradezu aufwendig wirkt manches Bauernmöbel durch aufgesetzte, der Architektur entlehnte Elemente. Säulen, Baluster, Halbbalusterstäbe, Füße und Knöpfe fertigte der Drechsler, gehobelte Profilleisten und Kapitelle und manchmal noch das (nicht aufgesetzte) gehobelte, gotische Faltwerk machte der Schreiner selbst. Die Profilleisten markieren oft Türfüllungen, wo keine sind und umrahmen die Malerei. Reich verkröpft bilden sie an einigen norddeutschen Schränken den alleinigen, interessanten Schmuck.

Kunstvolle Eisenbeschläge und Schlösser waren Schmuck und Schutz zugleich für Koffertruhen.

Balusterstab

Verkröpfte Leisten   *Korinthisches Kapitell*

Malerei

Rauch- und rußfreie Räume waren besonders für die Bemalung der Möbel und Vertäfelungen Vorbedingung. Die frühesten Spuren von Bemalung fanden sich in Oberbayern, Niederbayern und in der Rhön aus dem 16. Jh. Es sind schwarze und schwarzrote, mit der Schablone auf Blankholz gemalte, oder mit Lineal und Zirkel gezogene Ornamente und freihändig gemalte einfache Motive, wie man sie wahrscheinlich auf spätgotischen Sakristeischränken gesehen hatte. Das Holz wurde in der Zeit nur gefirnißt.

Großen Einfluß bekamen im 17. Jh. die feinen Intarsienarbeiten der Spätrenaissance, die, von Italien inspiriert, in Süddeutschland, besonders in Augsburg, aber auch in Köln und an der Küste bis Danzig hergestellt wurden. Intarsienimitationen sind später häufig.

Für die Malerei konnte man die gleichen Motive, Blumensträuße in Vasen, Ranken, Ornamente und Architekturstücke und die entsprechenden Vorlagen, oft Schablonen, übernehmen. Allgemein ist die Freude an lebhafter Farbigkeit ein Kennzeichen für bäuerlichen Geschmack, doch richtete man sich auch nach der typischen Farbgebung der jeweiligen Zeit.

Waren die *Farben* im 17. Jh. noch gedämpft und durch den Naturton des Blankholzgrundes gebunden, so zeigte sich im 18. Jh. fast durchgängig eine dem Rokoko entsprechende Aufhellung. Die Möbel wurden allmählich, bis auf wenige Ausnahmen, vollkommen gestrichen, und auf diesem Malgrund entfaltete sich erst richtig die Bauernmalerei. Ihre Blütezeit dauerte von der Mitte des 18. Jhs. bis zur Mitte des 19. Jhs. Im 19. Jh. zeigte sich die Malerei in kräftigeren, kontrastreichen Farben.

Es wurde alles gemalt, was für die ländliche Bevölkerung von Bedeutung war, besonders auf Truhen und Schränken, in einzelnen Feldern, aber auch über das ganze Möbel hin. Für viele *Motive* gab es Vorlagen, doch manche aus dem Rahmen fallende Dekors verdanken wir dem Können oder der Originalität einiger Schreiner-Maler.

Strauß,
mit Zirkel entwickelt

Strauß, zum
Lebensbaum gestaltet

Die *Blume* war, wie überall in der Bauernkunst, auch in der
Malerei ein Hauptmotiv. Rosen, Tulpen, Nelken, Narzissen,
Glockenblumen und ihr Blattwerk erscheinen in vielen Ab-
wandlungen und Zusammenstellungen. Mit Zirkelhilfe zum
Ornament abstrahiert, stehen sie streng symmetrisch nach Vorbildern der Renaissance in Vasen, später auch asymmetrisch
angeordnet oder naturalistisch gemalt und durch Schatten vom
Grund abgehoben wirkend. Der Lebensbaum wurde zum Blüten-
baum, der ›*Tulpenbaum*‹ kommt häufig vor, und Blumenranken
und Rosengirlanden umrahmen die einzelnen Felder.
Vögel gesellen sich oft dazu, in einfachen Formen, doch auch
naturgetreu gemalt, meist paarweise angeordnet als Symbol der
Liebe.
Anderes *Getier* wurde seltener dargestellt. Steinböcke findet
man in der alpenländischen Malerei, vereinzelt kommen Hund
und Katze vor, auch Kühe, Ziegen und Schafe mit Hirten, das

Einhorn erscheint auf Truhen der Pennsylvanien-Deutschen.
Die Jagd, sonst in der Kunst immer an hervorragender Stelle,
wurde in der Bauernmalerei selten Hauptmotiv. Jäger und Wild
sieht man eher einmal klein neben Blumenvasen oder in schmük-
kenden Abschlußfriesen.

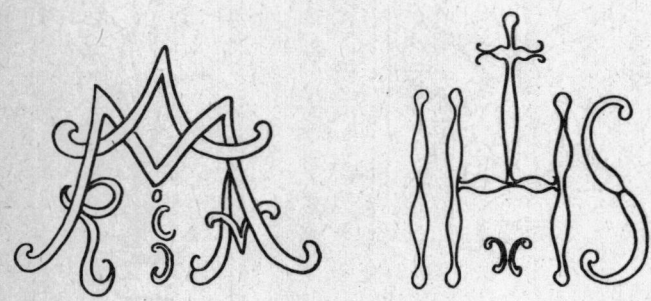

Namenszüge von Jesus und Maria als ›Ligatur‹

In den katholischen Gegenden standen figürliche, *religiöse
Darstellungen*, meist nach Vorlagen, im Vordergrund, häufig
natürlich *Jesus und Maria* als Personen und, im späten 18. Jh.,
manchmal nur durch ihre Herzen, das eine von Dornen, das
andere von Rosen umwunden, und durch ihre Namenszüge bezeichnet, oder Maria mit dem Kind, und der Jesusknabe auf
dem Kreuz ruhend. Sehr oft sind die verschiedenen *Heiligen* als
Nothelfer gezeigt. Manches Heiligenbild hatte auch eine besondere Beziehung zum Besitzer des Möbels. Der dargestellte
Heilige war meistens der Namenspatron, wie man es aus den
Namen, die fast an jedem Schrank auf den Besitzer hinweisen,
erkennen kann, oder ein anderer Schutzpatron.
Viele *Frauennamen* weisen auf die Mädchennamen der Bäue-
rinnen hin, die die Möbel als Hochzeitsgut mitgebracht haben.
Die Jahreszahlen deuten auf den Hochzeitstag oder ein anderes
wichtiges Ereignis hin.
Szenen aus dem Landleben sind oft originell gemalt. Sie zeigen
die Menschen bei der Arbeit und beim Feiern.

Bauernpaare in Tracht, ähnlich wie auf Haubenschachteln aus Holzspan, und *Damen und Herren* in städtischer Kleidung, brachten einen modischen Zug in die Malerei.

Mitunter sieht man auch kämpfende und fallende *Soldaten* als Dekor. Glücklicherweise wird das Thema durch die naive Darstellung gemildert.

Landschaften, oft mit Gebäuden, können Hauptmotiv sein oder die querliegenden Neben- und Zwischenfelder füllen. An der Küste gibt es dementsprechend an niederländische Malerei erinnernde Seestücke.

Manche Malerei war auf die Bauform des Möbels abgestimmt. Auf die vier Felder eines zweitürigen Schrankes z. B. malte man gern die Jahreszeiten als Landschaften im Frühling, im Sommer, im Herbst und im Winter, oder als Menschen bei der von der jeweiligen Jahreszeit bestimmten Landarbeit mit den typischen Attributen. Auch die vier Temperamente, vier Erdteile, seltener die vier Evangelisten, begegnen als Themen.

Architekturmotive wurden manchmal sehr unbekümmert in die Malerei übersetzt. Im 17. Jh. nahmen besonders die Maler der Miesbacher Gegend (Obb.) die als Intarsienarbeit wiedergegebene Architektur zum Anlaß für ihre etwas fantastischen, morgenländisch anmutenden Tortürme, die sie mit Schablonen auf Truhen und Schränke malten. Sie trugen den Möbeln den Namen ›Türkenmöbel‹ ein. Im 18. Jh. wurden die hohen, gewundenen Barocksäulen der städtischen Schränke einfach gemalt, manchmal ganz flächig, sich als Ornament dem übrigen Dekor einpassend, später plastisch hervortretend, wie auch andere Motive, die zuweilen täuschend naturalistisch auf Bauernmöbel gemalt wurden. Dazu gehören noch Vorhänge und Draperien mit ihrem theatermäßigen Effekt. Auch durch Malerei wurde auf die Verwendung eines Möbels hingewiesen. Es gibt Tischplatten mit den Teilen des Eßbestecks in den Ecken. *Sinnbilder* erscheinen auch in der Malerei, doch nicht so augenfällig. Kerbschnittornamente sind manchmal bemalt. *Heraldische Motive* sind in der Malerei meistens mit den jeweiligen Landesfarben verbunden.

Eine hübsche Gepflogenheit war es, den Möbeln, besonders den

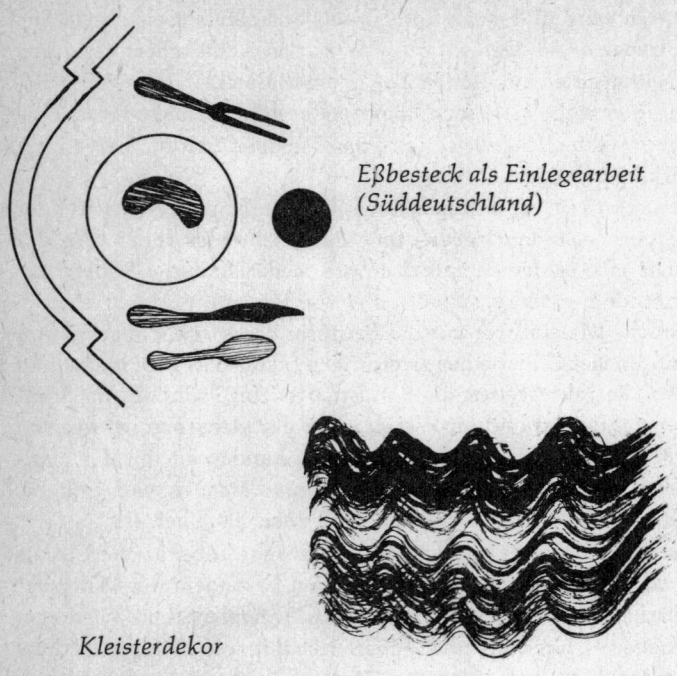

*Eßbesteck als Einlegearbeit
(Süddeutschland)*

Kleisterdekor

Betten und Wiegen, fromme oder sinnige *Sprüche* aufzumalen,
oder sie mit einem Glückwunsch zu versehen.

Die Möbel aus protestantischen Gegenden haben kaum religiöse
Darstellungen, dafür viele Blumen und Sprüche. Mit besonders
langen Texten treten die Möbel der Herrnhuter Brüdergemeine
hervor.

Da man auf dem Land mit den schönen städtischen Möbeln mit-
halten wollte, imitierte man gern mit Farbe und Kleister die
Maserung edler Hölzer. Auch Marmorimitation kommt häufig
als Teil der Dekoration eines Möbels vor. Der teure Marmor
wurde übrigens in den Schlössern oft auch nur gemalt.

Manches Bild ist nur aufgeklebt. Es war schon im 17. Jh. üblich,
kolorierte Vorlageblätter bekannter Kupferstecher und Holz-
schneider aufzukleben und nur den umrahmenden Dekor zu
malen.

Heraldisches Motiv: Löwen

Wismutmalerei

Schon im 16. Jh., als die bäuerliche Möbelmalerei noch am Anfang war, wurden in Nürnberg und im Rheinland kleine Gegen-
stände bemalt. Menschen im Kostüm der Zeit, Tiere und Ornamente schmücken Spanschachteln für Hauben und Bänder,
kleine Kästchen, die wohl als Minnekästchen dienten, manche
davon in Truhenform, und hölzernes Gerät.
Der besondere Reiz liegt in dem metallischen Glanz der Malerei, der durch die Verwendung von Wismut entsteht, eines
glänzenden, rötlich-weißen, spröden Metalls, das vor dem
Malen auf den Kreidegrund aufgelegt und geglättet wurde. Es
schimmert dann durch die Lackmalerei durch.

Leider fand man die bemalten Möbel seit der Mitte des 19. Jhs.
auf dem Lande unmodern; man schämte sich der Buntheit und
ließ sie in Holztonfarben, wie es in der Stadt modern war, über-
streichen. Es besteht die Möglichkeit, ein solches Möbel vor-
sichtig abzulaugen und, wenn die unteren Farben haltbar sind,

die alte Herrlichkeit wieder sichtbar zu machen. Doch oft wird
ein totales Ablaugen der bessere Weg sein, besonders, wenn
mehrere Anstriche übereinander liegen.

Die verwendeten *Farben* sind noch nicht restlos erforscht. Aus
einigen alten Aufzeichnungen des späten 18. Jhs. geht hervor,
daß sie aus Naturstoffen wie Grünspan, Ruß und verschiedenen Erden hergestellt wurden. Bleiweiß war bekannt, ebenso
die Begriffe ›Berliner Blau‹ und ›Kasseler Braun‹.
Sie wurden mit Kasein, das aus Magermilch gewonnen wird,
oder mit Eidotter und Öl gebunden. Wahrscheinlich hatte jeder
Meister sein eigenes Rezept, das auch von Fall zu Fall verändert wurde.

Tulpenbäumchen aus Ostfriesland, 1704

Die Landschaften und ihre Möbel — der Norden

Schleswig-Holstein

Die selbstbewußte bäuerliche Wohnkultur, die sich vor allem an der Westküste Schleswig-Holsteins entwickelte, ist der Ausdruck einer freiheitgewohnten Bevölkerung, Nachkommen der Friesen, die im 9. Jh. von West- und Ostfriesland auf dem Weg in ihre alte Heimat Jütland dort siedelten. Sie hatten gelernt, den Elementen zu trotzen, und ihnen gelang es, auch nach dem Mittelalter, als fast überall die Bauern in Leibeigenschaft gerieten, ihren Grund zu behalten und durch die Jahrhunderte eine gewisse Eigenständigkeit zu bewahren, so daß der Reichtum des Landes ihnen selbst zugute kam. Seine größte kulturelle Blüte erlebte das Land, zu dem wir die gesamte Westküste rechnen müssen, im 17. und 18. Jh. Das gilt auch für die Wohnkultur, und aus diesen Epochen, vom Barock bis zum Empire, sind einige wahrhaft prächtige, man kann sagen, fürstliche Einrichtungen, erhalten geblieben, die vor allem durch die Gestaltung der Wände bestimmt werden.

Die Häuser sind Mischformen des niederdeutschen Hallenhauses (siehe Seite 12). Überall findet man die Einteilung in einen heizbaren Wohnraum, die *Döns*, und einen Raum zum Festefeiern, den *Pesel*, auch *Sommerhus*, *Beestestuuf* oder *Grootdöns* genannt, der nicht heizbar ist.

Einflüsse von Skandinavien und aus Holland, besonders durch holländische Einwanderer auf der Halbinsel Eiderstedt im 16. und 17. Jh., und aus der Hansestadt Hamburg zeigen sich in den Einrichtungen der Häuser. Eine gewisse Weltläufigkeit, bürgerlicher Geschmack und Traditionsbewußtsein haben all diese Gegensätze harmonisch verarbeitet. Wände aus holländischen, meist blau-weißen Kacheln neben großzügigen, Architektur vortäuschenden oder aber geschnitzten und bemalten Vertäfelungen unter einer Balken- oder Kassettendecke sind charakteristisch für die Wohnstuben der einfacheren Höfe wie für die der gewaltigen Bauten Eiderstedts oder der Marschen.

Für die Möbel gilt grundsätzlich, daß sie nicht bemalt sind. Einzelne Stücke mit Bemalung sind kein Gegenbeweis. Aus der Sicht unserer Zeit neigen wir allzusehr dazu, die Kommunikationsmöglichkeiten früherer Jahrhunderte zu unterschätzen. Fahrenden Handwerksgesellen bot sich die Gelegenheit, Anregungen aus ganz Europa aufzugreifen; und die Landstraße, Treffpunkt von Reisenden, Fahrenden und Wandernden, Sammelbecken aller Stände, Tauschzentrale der Weltneuigkeiten, ersetzte die Massenmedien unserer Tage in viel höherem Maße, als wir uns das meist klarmachen. So finden sich Dekors des französischen Rokoko im nördlichen Skandinavien, ungarische Motive an der Ostsee usw. — Doch zurück nach Schleswig-Holstein.

Betten, Schränke, kleine Glasvitrinen, Uhren, Borde und Bänke sind in der Wandvertäfelung der *Döns* zusammengefaßt, so daß nur wenige bewegliche Möbel notwendig sind. Es gibt einen *Tisch*, den Zargentisch mit Balusterbeinen oder einen Klapptisch, je nach Platz auch beide, einige der für das Land typischen gedrechselten *Stühle* mit geflochtenem Sitz und Stuhlkissen, ein oder zwei *Truhen oder Koffer* und, bei Bedarf, die *Wiege* neben dem Alkoven der Bauersleute. Der *Ofen* ist, im Vergleich mit süddeutschen Kachelöfen, klein. Es ist ein gußeiserner Beileger, dessen Platten, häufig mit Renaissancemotiven, aus dem Harz oder aus Thüringen bezogen wurden. Hinter ihm ist, als Schutz und zum Warmhalten, die Wand gekachelt, wobei sich an dieser Stelle die Kacheln oft zu einem großen, schönen Schiffsbild zusammensetzen. Fast auf jedem Ofen steht der *Stulp*, eine Halbglocke aus Messing zum Essenwärmen, und manchmal noch ein kunstvoll gedrechseltes und beschnitztes Trockengestell. Neben den Butzen (Alkoven) glänzt die messingne Bettpfanne. Zum Wärmen der Füße dient in der Stube auch noch das tragbare *Stövchen*. Beide werden mit Holzkohle erwärmt. Für die schönsten Tassen des Haushaltes hängt ein dreieckiges, mit Aussägearbeiten geschmücktes Tassenbord an der Wand.

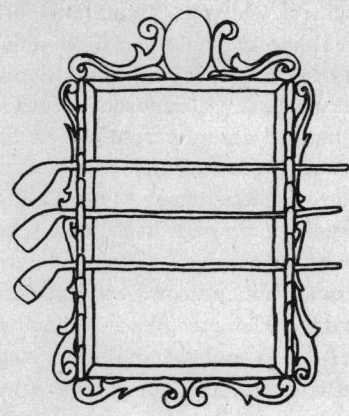

Pfeifenhalter, Schleswig-Holstein

Die *Butzen*, verschließbare Betten oder Bettalkoven, können hinter Türen ganz in der Vertäfelung verschwinden, sie können aber auch hinter großgemusterten Beiderwandvorhängen verborgen sein.

Im Grunde ist der *Pesel*, der manchmal einen Steinfußboden hat, ähnlich wie die Döns eingerichtet, und oft stehen in dem großen Raum besonders prachtvolle Möbel, Schränke, Truhen und auch Himmelbetten. Da hier ausgiebig gefeiert wurde, ist für viele Sitzgelegenheiten, wandfeste Betten und Stühle gesorgt. Im Wirtschaftsbereich gehört seit etwa 1700 die *Anrichte* zum festen Bestand.

Nordfriesland

Hier sind die Wohnräume schlichter. Die Vertäfelung aus Föhrenholz kann farbig sein, vorwiegend blau, auch in Verbindung mit leichter Schnitzerei. Über der Butze stehen auf einem Bord schöne Zinnteller und bunte Keramikteller. In der Husumer

Gegend werden einige charakteristische Möbel hergestellt, wie
der *Ostenfelder Stuhl*, gedrechselt und mit sehr niedriger, oben
leicht gerundeter Lehne, die aus einem breiten und einem schmalen Rückenbrett mit flachem Schnitz- und Ritzdekor oder einem
breiten Brett mit gesägtem, durchbrochenem Dekor und einem
gedrechselten Querstab darunter besteht. Die Stühle Nordfries-
lands sind rotbraun gestrichen. *Kufentruhen* mit geschnitzten
Ornamentstreifen an den Seiten und in der Mitte sowie Blumenmalerei mit Spiegelmonogramm in den Zwischenfeldern kennt
man von Husum bis Flensburg.

Es gibt auch Truhen mit geschnitzten, schwungvollen Akanthusranken. Andere kleinere Bewahrmöbel sind die Bank-
schränke, die auf der Wandbank in der Ecke stehen, und wohl
Wertsachen aufnahmen. Die Kommode kommt, mit einer
schrägen Platte zum Schreibmöbel gewandelt, in vielen Gegenden vor. Die Schränke wurden in Nordfriesland gern bemalt,
vor allem in den Farben grün, rot und weiß, meist in Verbindung
mit Schnitzerei. Wie auch in anderen protestantischen Gegenden
werden manchmal Szenen aus dem Alten Testament dargestellt.

Sehr zahlreich vorhanden ist buntbemaltes, mit Kerbschnitt
verziertes Kleingerät.

Auf den *nordfriesischen Inseln* und den *Halligen* müssen sich
die schmalen Häuser unter dem Wind ducken. Ihre Stuben sind
entsprechend niedrig, aber gemütlich. Außer der Ofenwand
sind auch die Außenwände zum Warmhalten mit Kacheln belegt. Die Vertäfelung ist geschnitzt und sehr oft bemalt. Man
ist erstaunt über die feine Malerei, die man auf den Inseln findet: Figuren, Landschaften, Seestücke, die niederländischen
Bildern gleichen, Früchte, Blumenranken und Marmorierung
auf den Wänden und Rocaillen und Ranken an der Decke, ähnlich wie in Dänemark. Die praktischen Klapptische und auch
Schränke sind ebenfalls oft bemalt. Der Reiz dieser Stuben wird
erhöht durch die fremdartigen Dinge aus aller Welt, die die
Seefahrer in ihre Heimat mitgebracht haben.

Die hohen Räume der mächtigen Eiderstedter Höfe, der Hau-
bargs, haben eine ganz andere Atmosphäre. Zu den Wohn-

räumen kommt hier noch die Wohndiele. Überall herrscht gediegene Wohlhabenheit. Barocke Vertäfelungen mit Schnitzwerk oder marmorisierender Bemalung, wie farbige Vertäfelungen im Empirestil, wirken zurückhaltend, vornehm. Die im Pesel aufgestellten Schränke und Truhen können bemalt sein. Neben den gedrechselten gab es auch gepolsterte Stühle.

Dithmarschen: Der berühmte Pesel des Landvogtes und Bauern Marcus Swin von 1658 ist leider dem Krieg zum Opfer gefallen. Auf Bildern sieht man hier noch den typischen Schrank mit der aufklappbaren Platte, die *Schenkschive*, die bis ins 17. Jh. hergestellt wurde. Eine andere alte, aus Skandinavien stammende Schrankform war in Dithmarschen beliebt, das in einer Ecke plazierte *Hörnschapp*. Es wurde in seiner Ausschmückung der jeweiligen Zeit angepaßt. Die schönsten Einrichtungen des 18. Jhs. stammen aus *Süderdithmarschen*. Vertäfelungen und häufig auch die Möbel sind geschnitzt und bemalt. Vertäfelungen aus der Zeit um 1800 lassen zwar das Empire bereits spüren, zeigen aber immer noch das auflockernde Schnitzwerk des vergangenen Jahrhunderts.

Die *Elbmarschen, von der Wilstermarsch bis zu den Vierlanden,* lassen den Einfluß des reichen benachbarten Hamburg deutlich werden. In den reichsten Häusern der Wilstermarsch ist der Pesel, hier *Sommerhus* genannt, geradezu festlich ausgeschmückt, mit einer blühenden Barockmalerei, wie wir sie auch in Dänemark kennen. Große Akanthusranken auf Wänden und Decke wechseln mit Marmorierung, Landschaften ziehen sich über ganze Wandseiten, biblische Szenen erscheinen, und Scheinarchitekturen mit Säulen und Vorhängen wie auf einer Bühne umrahmen die Alkoven. Im Mittelalter hatte man die Mauern zum Schutz gegen die Kälte mit schweren Stoffen verhängt; eine Erinnerung daran ist ein gemalter halbhoher Vorhang, der sich rings um einen Raum zieht. Die Döns kann dem Pesel künstlerisch angeglichen sein, doch häufiger ist sie mit schwerer und schützender Eiche vertäfelt und gekachelt. Der mächtige Hamburger Schrank, ›*Schapp*‹ genannt, mit seinen Verkröpfungen, großen Spiegeln und reicher Schnitzerei in den Füllungen hat Vertäfelung, Schränke und Truhen der Elbmarschen spürbar beeinflußt. Daneben gibt es noch altertümliche Stollentruhen mit Flachschnitt. Für die *Vierlande* sind dagegen die schönen, städtisch anmutenden Intarsienarbeiten an allen Möbeln, einschließlich der Wiegen, sowie in den vielen Feldern der Vertäfelungen charakteristisch.

Nordschleswig und Kieler Bucht

In diesen Gegenden beherrschte der Lehensadel das Land; mit dem Niedergang der Hanse im 16. Jh. kam der Ostseehandel hier zum Erliegen. Nur vereinzelt konnte sich hier eine ländliche Wohnkultur entwickeln, doch im Vergleich zur Nordseeküste und zu südlicheren Gegenden hielt sie sich in bescheidenen Grenzen.

Unabhängige Großbauern saßen auf der Insel Fehmarn, sie konnten sich getäfelte und bemalte Stuben leisten. Die Propstei bei Kiel wurde von dem kulturellen Wirken des Klosters Preetz mitgeprägt. In den mit Eichenholz vertäfelten Wohnräumen findet man keine Malerei, dafür aber, besonders auf Truhen und Koffern, feine *Intarsien*. Ein *typisches Motiv* für diese Landschaft sind *zwei Soldaten*, die das Truhenschloß bewachen. In Angeln wurde gemalt, auf städtisch wirkende Vertäfelung und Möbel mit und ohne Schnitzerei, besonders um Flensburg, das seine Umgebung weitgehend beeinflußte. Brauttruhen mit wertvoller Schnitzerei, nicht figürlich, sondern von der Architektur der Spätrenaissance beeinflußt, weisen darauf hin, daß offenbar die Werkstätten der bedeutenden Renaissanceschnitzer Heinrich Ringerink oder Ringelink in Flensburg und Hans Gudewerth in Eckernförde auch für das bäuerliche Umland tätig waren. Koffertruhen finden sich auch hier. Nordschleswig zeigt als Grenzland verschiedenartige Wohnräume, einmal von Skandinavien, ein andermal vom Süden her beeinflußt. Ebenso verschiedenartig sind auch die Möbel, die Marmorierung oder Blumenmalerei, ebenso aber auch Schnitzerei mit Vertäfelung aufweisen.

Tulpenmotiv, Oldenburg, 1782

Westliches Niedersachsen und Oldenburg

In Niedersachsen bestimmt überwiegend das niederdeutsche Hallenhaus die Wohngewohnheiten. Das Flett mit dem Herd blieb hier trotz Döns und Pesel der wichtigste Raum für Hausarbeit und geselliges Beisammensein. Hier stehen die Stühle um das Feuer, daneben noch ein Tisch mit Stühlen, einige Truhen und die Anrichte mit schönem Zinn und Keramiktellern, die außerdem auf Borden und auf dem Funkenhut aufgestellt sein können. Der Funkenhut wurde erst im 19. Jh. allgemein zu einem Abzug mit Schornstein umgebaut.

Trotz Größe und Steinfußboden wirken die hallenartigen Fletts anheimelnd, weil die Holzkonstruktion des Fachwerkhauses von innen her sichtbar ist. Oben hängen Würste und Schinken im abziehenden Rauch. Im westlichen Niedersachsen ist die Wand hinter der Herdstelle mit holländischen Kacheln belegt. Das Flett kann um 1800 schon durch eine Scherwand von Diele und Stallungen abgeschlossen sein.

Die Einrichtungen der Stuben sind allgemein schlichter als im benachbarten Schleswig-Holstein, nur in der Nähe von Hamburg im Alten Land haben sie städtischen Charakter, besonders um 1800 durch gestrichene Holzvertäfelungen im Empirecharakter in Verbindung mit blauweißen Kachelwänden und

Kachelöfen aus Hamburg. Schnitzereien an Möbeln können farbig gefaßt sein. Da in Niedersachsen, mit Ausnahme der Gegend südlich von Braunschweig, für Möbel nur Hartholz verarbeitet wurde, dominiert *Schnitzwerk* als Dekor. Es wurde seit dem 18. Jh. in einigen Gegenden farbig gefaßt. Im Umland von *Oldenburg* gab es schon im 16. Jh. durch rote Farbe hervorgehobene Motive auf den mächtigen Stollentruhen mit Faltwerk und flacher Schnitzerei. Während des 17. Jhs. entwickelte sich eine flache Reliefschnitzerei, die mit Rosetten, in Bögen, Rhomben und Schuppenmuster die dreigeschossigen Kufenschränke und -truhen bedeckt und die, in verfeinerter Form, noch im 18. Jh. auftritt, manchmal auch zusammen mit dem Tulpenbäumchenmotiv, das sich Anfang des 18. Jhs. in Ostfriesland und im Ammerland findet. In Ostfriesland bemalt man die Schnitzerei gern in vielen Farben, blau, rot, gelb und grün. Im Emsland kennt man rot angestrichene Möbel mit flacher Schnitzerei, einige mit mehrfarbig bemaltem Blumendekor. Hier ist auch ein Sprung über die Grenze nach *Westfriesland* in den *Niederlanden* interessant. Im Germanischen Nationalmuseum in Nürnberg gibt es eine Reihe von Einrichtungsgegenständen aus Hindelopen mit leuchtend roter, blauer oder grüner Grundfarbe und reicher, bunter, sehr feiner Blumenmalerei mit ostasiatischen Motiven aus der 2. Hälfte des 18. Jhs.

In der *Cloppenburger Gegend* und um *Diepholz*, bis nach Westfalen, findet man von Anfang des 18. bis Ende des 19. Jhs. unterschiedlichen flachgeschnitzten Rankendekor, der ohne Farbe belassen wurde. Eine eigenwillige Gestaltung der *Tulpe* ist gegen Ende des 18. Jhs. für Cloppenburger Truhen typisch. Der Flachschnitt steht in einem aus dem massiven Holz ausgegründeten Feld. Auch im nördlichen Westfalen sind geschnitzte Ranken mit Tulpen ein beliebtes Motiv.

Um Oldenburg und im Süden, bis Hannover, wurde auch vielfach geschnitztes und zum Teil mit Farbe behandeltes Rahmenwerk mit verschiedenen Formen, wie Arkaden oder Sechs- und Achtecke, auf die Vorderwand aufgesetzt.

Die *Schränke* waren im 18. Jh. noch vereinzelt Kufenschränke. Im Umland von Oldenburg behielten sie auch ihre Zweigeschossigkeit bei, wurden aber später auf Kugelfüße gestellt und im Dekor der Zeit angepaßt. Auch im Süden und Südosten machte der flachgeschnitzte Rankendekor im 18. Jh. verkröpften Leisten in den Füllungen Platz. Sie sind von drei Lisenen mit meist geschnitzten Kapitellen unter dem nun ausladenderen Gesims begrenzt. Kleine Intarsien sind ein zusätzlicher Schmuck. Die extremsten Verkröpfungen erscheinen auf Schränken aus Schaumburg Ende des 18. Jhs. Im 19. Jh. sind die Fassaden wieder ruhiger. Mehrfarbig bemalte, geschnitzte Fächer an Schaumburger Möbeln schaffen eine Beziehung zu Arbeiten im Land Braunschweig. Neben den seit etwa 1700 auf dem Lande gebräuchlichen *Anrichten* und den von niederländischen Möbeln beeinflußten verglasten Schränken sind in Niedersachsen die *Brotschränke* wichtige im Flett oder in der Döns untergebrachte Wirtschaftsmöbel. Ihre oberen Türfüllungen sind meist mit beschnitzten Arkaden geschmückt.

Die Alkoven mit den *Betten* werden durch Schiebetüren geschlossen. Stellenweise reicht die Vertäfelung nur bis knapp über Alkoven und Stubentür. Der obere Abschluß dient dann der Aufstellung schöner bemalter Fayenceteller.

Himmelbetten mit Rankenschnitzerei auf dem Rahmenwerk von Kopf und Fußende und ausgesägten, durchbrochenen Kanten am Baldachin kommen in der Gegend von Osnabrück wie im angrenzenden Westfalen vor. Etwas Besonderes sind die im Kopfteil, manchmal auch im Fußteil, eingebauten Schränkchen.

Zargentische, runde und längliche *Klapptische* sind in Niedersachsen allgemein in Gebrauch. Die *Pfostenstühle* haben hier leiterartige Lehnen, die auf niederländischen Einfluß hinweisen.

Schaumburg-Lippe:
Starke Verkröpfung mit Füllung, 1795

Die Lüneburger Heide

Die Stuben sind einfache, helle Wohnräume mit Alkovenwänden, die um 1800 meist weiß gestrichen wurden. Der Ofen ist hier eine Kombination von gußeisernem Ofen unten und Kachelofen oben. Kachelwände findet man kaum. Brotschränke auf Kufen sind bis in die Braunschweiger Gegend verbreitet. Neben Brettstühlen mit geschweift ausgeschnittenen Lehnen und Griffloch gibt es *Pfostenstühle* mit hohen Bretterlehnen, dazwischen ausgesägte Baluster und Ohrenbacken oben. Die Öllampe hängt an einem langen Schwenkarm, der von der Mitte der Stube bis über den Tisch reicht.

Südöstliches Niedersachsen – Braunschweiger Land

Hier ist die Grenze zwischen niederdeutschem Hallenhaus und mitteldeutschen Haustypen, die südlich von Braunschweig bereits auftreten. Die bäuerliche Wohnkultur ist hier verhältnismäßig bescheiden geblieben; die hochstehende Möbelkunst der Stadt Braunschweig übte merkwürdigerweise zu keiner Zeit stärkeren Einfluß auf das Hinterland aus. Dafür zeigen sich Hinweise auf eine stärkere Verbindung mit dem östlichen Mitteldeutschland, eventuell sogar mit Sachsen. Die Stuben und ihre Ausstattung sind schlicht. Neben Kachelöfen gibt es eiserne Hinterladeröfen, deren Platten aus den Gießereien des Harzes kommen. Auch eine Kombination von Eisenplatten und blauweißen Kacheln tritt auf. Der *Tisch* in der Stubenecke ist einfach viereckig, er steht auf Balusterbeinen, die unten Fußleisten haben. Über eine Stubenwand und über Eck kann oben ein *hölzernes Bord* zum Aufstellen von Tellern und zum Aufhängen von Kleidung laufen, doch finden sich mitunter auch schmale, tiefer aufgehängte geschnitzte Tellerstapler, manchmal auch geschnitzte oder gedrechselte Handtuchhalter am Ofen oder Trockenvorrichtungen darüber. Die in den Stuben öfters aufgestellten *Haubenschachteln* sind wahrscheinlich thüringischen oder hessischen Ursprungs. Auch eine *Uhr* gehört in die Stube, meist mit englischem Uhrwerk.

Charakteristisch für diese Landschaft sind die recht interessanten *Stühle*, die in verschiedenen Typen auftreten. Da gibt es niedrige Spinnstühle mit oder ohne Armlehne, ganz gedrechselte Stühle, deren manchmal sehr zierliche Docken mit Kerbschnitt verziert sind. Sie haben geflochtene Sitze wie auch die Pfostenstühle mit Rückenbrettern, die von ausgesägten Balustergalerien unterbrochen sind. Diese Rückenbretter sind mit ausgesägten Ornamenten verziert, unter denen sich manchmal das Motiv des niedersächsischen springenden Pferdes findet. Vielfach vereinigen die Lehnen Ritz- und Schnitzdekor mit Farbe. Die nach oben schmaler werdenden Lehnen einiger Stühle mit ausgesägten Oberbrettern erinnern an solche aus Hessen, aus der Fritzlar-Homberger Gegend, während andere eine erkennbare Verbindung zu den Schwälmer Brautstühlen zeigen (um 1810), wenn sie auch nicht so farbig sind wie diese. Vielleicht hat die alte isländische Stuhlform über Jamund (Pommern) und Braunschweig ihren Weg nach Hessen genommen, vielleicht verlief der Weg auch umgekehrt, oder alle diese sehr charakteristischen Formen entspringen einem gemeinsamen Urtyp? Jedenfalls ist diesen Typen die ausladende Lehne gemeinsam, deren Pfosten in einer gesägten Blüte (in der Schwalm auch einem Vogel) endet.

Eine andere Stuhlform mit Armlehnen und hoher Rückenlehne, deren Querbretter auch beschnitzt sind, und Ohrenbacken, ist dem Hausherrn vorbehalten: der *Karstaul* (Kastenstuhl) oder *Schöttelstaul* (Schot = Scheidewand, Schutz).

Neben einfachen *Brettstühlen*, ganz aus Holz, mit ausgeschnittenen Lehnen und Grifflöchern gibt es noch die sogenannten *Schlangenstühle*, deren Lehnen das Motiv der sagenhaften Schlangenkönigin, also einer verschlungenen Schlange mit einem Krönchen auf dem Kopf, darstellen.

In der zweiten Hälfte des 18. Jhs. löst Tannenholz das bis dahin
verwendete Hartholz weitgehend ab, vor allem bei den Bewahrmöbeln. Bei diesen steht die *Truhe* an der Spitze. Die ältesten
Hartholztruhen sind *Dachtruhen*, noch reicher bemalt als die
Schränke, mit aufgesetzten farbigen Leisten und Ornamenten
(Herzen, Rosetten, Fächern) geziert. Die für die Gegend typischen *Koffertruhen* mit Blumen- und Wappenmalerei auf Blankholz gab es schon Ende des 17. Jhs. Außer den Koffertruhen auf
Rädern, die mit Beschlägen geschmückt sind, findet sich diese
Truhenform hier nur mit Bemalung, vielfarbig und in Felder
eingeteilt, die sich auch auf den Deckel erstreckt. Die Umrahmung der Blumenmotive kann noch einmal in sich gemustert
sein. Die eigenwillig ausgebogte Form mancher dieser Felder um
1800 erinnert an ähnlich gemalte Felder auf sächsischen Schränken der gleichen Zeit, etwa in Pirna.

Neben unbemalten schlichten *Schränken* mit vorgeblendeter
Architektur in den Füllungen gibt es in der Umgebung von
Braunschweig auch bemalte Schränke. Einer der schönsten
stammt aus Dibbesdorf (1764). Auf braungemasertem Grund
und in den kleinen Türfeldern sind hier zartblaue Rocaillen aufgemalt. Ein anderer Schrank, dunkelgrün, mit rotbraunen Feldern und heller, dünner Bemalung, fällt durch seine Felderfor-
men auf.

Die *Betten* stehen nicht mehr in der Butze, sondern frei, zunächst
mit Vorliebe Himmelbetten, später dann ohne Himmel, aber mit
hohem Kopfteil. Typisch ist als oberer Abschluß an Kopf- und
Fußteil häufig eine Gittergalerie, auch kleine aufgesetzte Schnitzereien aus Tannenholz an den einzelnen Betteilen, die Ornamente und Pflanzen darstellen. Als Grundbemalung findet sich
vielfach ein mittleres oder helles Blau, als Schmuck ein bißchen
Rot, etwas mehr Weiß, aber auch andere Farben.

Die *Wiegen*, mit Bemalung oder mit flacher, ornamentaler
Schnitzerei sind Querschwinger. Eine Wiege im Bortfelder
Bauernmuseum, aus dem 19. Jh., hat ein festes Verdeck wie
Wiegen aus der Eifel.

Lebensbaum aus Ostpreußen, 1780

Die Landschaften und ihre Möbel—
der Osten

Mecklenburg und Pommern

Wendet man sich von Schleswig-Holstein ostwärts, so stößt
man auf gänzlich andere Verhältnisse. In Mecklenburg saßen
einst freie Bauern, ursprünglich eingewanderte Niedersachsen,
Flamen, Ost- und Westfalen, die sich mit slawisch-wendischen
Volksgruppen mischten. Sie konnten jedoch dem im 16. und
17. Jh. beginnenden Bauernlegen, der Einziehung der Güter
durch den immer mächtiger werdenden Adel, nicht standhalten.
Viele wanderten damals nach Übersee aus, andere gerieten in
halbe oder ganze Abhängigkeit von den Großgrundbesitzern.

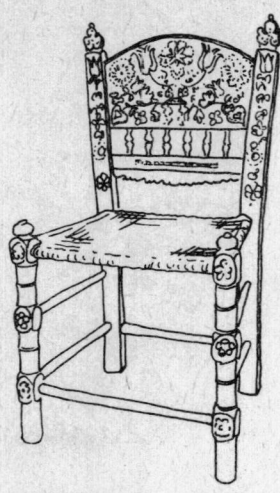

Jamunder Brautstuhl

An die Entwicklung einer eigenständigen bäuerlichen Wohnkultur war unter diesen Umständen nicht zu denken, bestimmend waren Landadel und Bürgertum. Man erkennt das sehr
gut an den Möbeln, die um 1800 bei den pommerschen Fischern
auf der *Halbinsel Darß* entstanden. Sie haben, wie das in Pommern allgemein üblich war, einen roten Anstrich, der hier
schwarz abgesetzt ist, fallen durch strenge, glatte Formen auf
und zeigen oft ganz sparsam aufgesetzte geschnitzte oder ge-
sägte Holzornamente mit Motiven des Empire und des frühen
Biedermeier. Man kennt hier Schränke, Stühle mit zugesägten
oder geschnitzten Lehnen und Betten sowie Bänke, die zum
Ausziehen gearbeitet sind. Kleingerät dagegen ist vielfarbig,
grün, gelb, rot und grau mit schwarz.

Pommern war Kolonisationsland. Niedersachsen, Mittel-
deutsche und Niederfranken trafen hier im 12. Jh. auf die ein-
heimische slawische Bevölkerung. Das zeigt sich im Haustyp,
der nicht mehr die Form des niederdeutschen Hallenhauses
aufweist.

Typisch bäuerliches Mobiliar findet sich nur in einzelnen Gebieten und bei einzelnen Möbelformen. Der Kleiderschrank ist fast unbekannt, wichtigstes Kastenmöbel ist die *Truhe*; auch Rädertruhen kommen vor. Daneben gibt es *Wirtschaftsschränke bzw. Anrichten, Stühle, Wiegen* und *Betten*. Aus *Jamund* an der Küste stammen charakteristische mit der Schablone bemalte Stühle mit Blumenmotiven, schöne Brautstühle, die sich in ihrer Farbenpracht mit denen der Schwalm messen können. Die bunte Bemalung — Blau, mehrere Rot, Grün und Gelb — erinnert an Kreuzstichstickerei (hier findet sich, in Parallele zur Scheinarchitektur, möglicherweise eine ›Scheinstickerei‹, die die Polstermöbel der Reichen mit ihren gestickten Überzügen imitierte).

Sehr beachtliche Malerei findet sich im *Pyritzer Weizacker*, mit dem Höhepunkt in der Mitte des 19. Jhs. Die Möbel zeigen keine Feldereinteilung. Auf dunklem Blau leuchten sattfarbige Ornamente und Blumenranken auf, Rosen, Tulpen, Feuerlilien, sie quellen auch als Strauß aus Vase oder Korb. Hier zeigt sich eine Verbindung der Malerei zu den Elbmarschen.

Kleingerät wurde ebenfalls gern mit Ornamenten in Kerbschnitt und Flachrelief beschnitzt.

Ostpreußen

Auch Ostpreußen ist seit der Zeit des Deutschen Ordens Kolonisationsland. Das menschenarme Land wurde nach und nach aus Brandenburg, dem Rheinland, aus Westfalen, Schwaben, Holland und im 18. Jh. auch von emigrierten Hugenotten und Salzburger Protestanten besiedelt. Die preußische Urbevölkerung sowie von Osten und Süden einwandernde Polen und Litauer trugen ebenfalls ihren Teil zur kulturellen Entwicklung des Landes bei. An bäuerlichem Mobiliar ist nur noch wenig erhalten.

Eine besondere Bedeutung kam hier den Schränken zu. Vor

allem finden sich hübsche *Küchenschränke*, die durch farbig abgesetzte, ausgesägte und aufgelegte Brettchen ihre Schmucknote erhalten.

Auf das mittlere Ostpreußen hatte das sogenannte *Danziger Barock* bedeutsamen Einfluß in bezug auf Dekor und Form der Möbel. Die geschmackvollen und schönen Blumenintarsien der städtischen Möbel wurden beim bäuerlichen Mobiliar in liebenswert-naive Malerei umgesetzt. Weiter östlich, mit Höhepunkt im *Memelland*, zeigt sich ganz volkstümliche und farbenfrohe, fantasievolle Blumenmalerei. Hohe, als Lebensbaum gestaltete Sträuße mit Vögeln und vielen feinen Details finden sich als dekorativer Dekor auf Türen. Dabei hat diese Malerei, bei all ihrem Farbensinn, kaum Zwischentöne und selten Licht- und Schattenwirkung. Einen Schrank aus *Rosineks* (1812) schmücken Figuren in Empire-Kleidung. Im angrenzenden Litauen geht man sparsamer mit den Farben um, die Malerei wirkt skizzenhaft.

Als typisches Möbel aus dem ostpreußischen Oberland kann man die *Rädertruhe* ansehen. Im Gegensatz zu Koffertruhen auf Rädern (siehe Seite 20) sind hier die Räder teilweise hinter Vorsatzbrettern verborgen.

Ostpreußische Rädertruhe, Mitte 19. Jh.

Schlesischer Schrank, Anfang 19. Jh.

Schlesien

Schlesien ist ein Gebiet mit recht eigenwilliger Möbelmalerei. Die großen, geraden *Schränke* des späten 18. Jhs. fallen durch kräftige, manchmal in abgetönte Felder eingeteilte Holzmaserung auf, in deren Mitte kleine Bildfelder liegen. Diese Entwicklung ging Anfang des 19. Jhs. bis zu farblich kraß voneinander abgesetzten Flächen, z. B. Hellblau, Rot und Weiß oder Gelb und Grün.

Ein anderer typischer Dekor ist eine zu weißen Wellenlinien mit hellblauer Schattierung stilisierte Marmorierung auf dunkelblauem Grund in Verbindung mit Blumenmalerei in weißen, rotumrandeten Feldern. Diese Art der Malerei ist bis nach Nordböhmen und ins Egerland vorgedrungen.

Brandenburg

Die Wohnkultur in diesem von der Natur nicht reich bedachten Kolonisationsland mit seiner wechselvollen Geschichte ist hier bescheiden geblieben. In der Niederlausitz allerdings, wo auch Sorben und Wenden sitzen, sind sehr ansprechende bemalte Möbel entstanden. So gibt es in der Gegend von Cottbus im 18. Jh. hübsche Landschaftsdarstellungen; im Spreewald finden sich in der Biedermeierzeit Möbel mit reicher, feiner Blumenmalerei, deren Kennzeichen die Blumenvase in einem Medaillon inmitten der rechteckigen, mit Blüten und Ranken bedeckten Felder ist.

Sachsen

Aus Sachsen sind vor allem imponierende bemalte *Schränke* bekannt, die von Intarsienarbeiten und von der Meißener Porzellanmalerei angeregt wurden.

Eine sächsische Besonderheit, deren Einfluß weit reicht, stellen die Möbel der *Herrnhuter Brüdergemeine* dar. Die evangelische Brüdergemeine wurde 1722 von Nikolaus Ludwig Graf von Zinzendorf in Herrnhut in der Oberlausitz gegründet. Ihr Wirken galt besonders dem Schulwesen und der Kolonisation. Zu der Kolonie gehörten viele Handwerker, vor allem Tischler. Auch der berühmte Möbelschreiner David Röntgen war der Brüdergemeine verbunden. Viele Möbel wurden dort auch für die Leute auf dem Land hergestellt. Sie sind mit spitzovalen Feldern auf den Türen und oft überquellendem pflanzlichem Dekor in ausgewogenen Farben bemalt, meist auch mit Bibelsprüchen oder frommen Versen. Noch im 19. Jh. wurden hier, wie übrigens auch in Schlesien, Stollenschränke angefertigt.

Sitzbank, Lausitz, Anfang 18. Jh.   *Herrnhuter Dekor*

Thüringen

Thüringen als ein Land der Mitte nahm Einflüsse von Sachsen
und von Franken auf. In Bad Suderode im Harz ist ein Schrank
erhalten, der an die Arbeiten der Brüdergemeine erinnert. Parallelen in Franken hat hingegen der einfache, mit Kamm und Kleister hergestellte Dekor, der zunächst wenig Farben aufweist.
Besondere Bedeutung für die Bauernmöbel kommt jedoch der
kunstgewerblichen Heimindustrie im Thüringer Wald zu. Ähnlich wie die Uhrenschildermalerei im Schwarzwald wurden hier
Haubenschachteln hergestellt und bemalt, die in ganz Deutschland zu finden sind. Die Malerei ist modisch, flächig und zeigt
viel weiß gezeichnete Figuren. Um 1600 waren Nürnberger
Schachtelmaler in den Thüringer Wald gezogen. Bis in die Rhön
spürt man ihr Wirken.

Die Landschaften und ihre Möbel—
der Westen

Westfalen – Rheinprovinz – Bergisches Land

An Niedersachsen schließt im Süden das 1946 gebildete Bundesland Nordrhein-Westfalen an. Es vereint die alte Rheinprovinz von der niederländischen Grenze bis zum westfälischen Schiefergebirge, das Bergische Land und Westfalen, Länder, die seit dem Wiener Kongreß 1815 zu Preußen gehört haben. Ihre Namen erinnern an große geschichtliche Ereignisse. 500 Jahre lang saßen die Römer am linken Rheinufer und kultivierten das Hinterland, Karl der Große gründete die geistlichen Sitze in Köln, Osnabrück und Münster, die später für die Gegenreformation eine große Rolle spielten. In Westfalen ging 1648 der 30jährige Krieg zu Ende. Der Westfälische Friede wurde in Münster und Osnabrück geschlossen. Napoleon machte das Land 1807 zum Königreich für seinen Bruder Jérôme, bis es 1815 zu Preußen kam.

Bis heute hat sich trotz des ›Ruhrpotts‹ in der Mitte noch viel bäuerliches Land erhalten. Vor allem Westfalen ist im Norden ein Pferdeland. Im Merfelder Bruch bei Dülmen lebt eine große Wildpferdeherde. Die Höfe gehören zu den niederdeutschen Hallenhäusern und sind entsprechend eingerichtet. Neben den niederländisch beeinflußten *Pfostenstühlen* und Bänken mit verschieden gestalteten Lehnen treten hier beinahe romanisch wirkende gedrechselte Dreipfostenstühle auf, die auch für das Rheinland typisch sind. Die *Tische* haben gerade, durch Fußbretter verbundene Balusterbeine. *Stuhl- und Banktische*, Zwischenformen, bei denen die besonders großen Lehnen der Sitzmöbel umgeklappt zur Tischplatte werden, sind praktische Stücke. Außer den Bettkasten gibt es große, schwere *Himmelbetten*, deren flachgeschnittener Tulpenrankendekor auf dem Rahmenwerk deutlich die enge Beziehung zum benachbarten

Oldenburg zeigt. Auch die Schränke und Truhen sind in dieser Art verziert. Stollentruhen waren noch bis zum 19. Jh. in Gebrauch. Schränke mit verglastem Oberteil zum Aufstellen von Geschirr können im Herdraum stehen. Man nennt sie ›Prahlhans‹.

Überall in Westfalen wurde Hartholz für Möbel verarbeitet. Während es im Nordwesten nahezu immer blank belassen wurde, zeigt sich im Osten und im Süden ein Zug zur Farbe. Im Lippischen Bergland und an der Weser werden auch die beschnitzten Balken der Fachwerkhäuser leuchtend farbig bemalt. Lebensbäume, Blumenranken, Sonnenräder, auch als Halbrosetten dargestellt, und Figuren finden sich an späteren Möbeln der Gegend häufig als farbig gefaßte *Reliefschnitzerei*. Aus der Gegend um Herford sind schöne bemalte *Himmelbetten* erhalten, aus Ravensberg und Gütersloh stammen beschnitzte und bemalte *Schränke*.

Vielen *Truhen* wurden ganze Wände mit arkadierten Feldern und flacher Reliefschnitzerei, oft Schuppenmuster, vorgeblendet, die auch farbig behandelt wurden.

Im Osten und im Süden blieb die *Seitstollentruhe* lange erhalten, mit Rankenschnitzerei, Doppeladler, Blüten, die stellenweise auch gefärbt wurden. Im 18. Jh. setzte man in den rechten Winkel, den Kasten und Stütze bilden, bogig ausgesägte und beschnitzte Zwickelstücke ein.

Im Süden kommt, wie im angrenzenden Hessen, eine seltene *Wiegenform*, der *Längsschwinger*, vor.

Auch in der ebenen, schon holländisch anmutenden Landschaft am Niederrhein mit weiten Wiesen, Pappelalleen und Windmühlen sind die meist einzeln liegenden Höfe als Hallenhäuser in Fachwerk erbaut. Das Mobiliar ist aus Hartholz gefertigt, und speziell die *Truhen* sind mit reicher, flacher Ornamentschnitzerei überzogen. Farbige Behandlung ist nicht üblich.

Die seit der Gotik bedeutende niederländische Möbelkunst hat natürlich die Möbel des Nachbarlandes am Rhein beeinflußt. Wie im niederdeutschen Hallenhaus üblich sind in den Stuben die Alkoven, hier ›*Beddekast*‹ genannt, eingebaut. Bei den ärmeren Leuten gibt es aber auch ganz einfache *Pfostenbetten*.

Die *Wiegen* sind *Querschwinger*, im 18. Jh. mit geschwungen ausgeschnittenen, später geraden Oberkanten der Seitenwände. Etwas Besonderes sind Wiegen mit einem Drahtkörper mit Dach, der in einem entsprechenden Gestell ruht. Neben den rechteckigen *Tischen* gibt es aus dem 18./19. Jh. auch runde Klapptische mit einem festen Gestell.

Die *Sitzmöbel* ähneln den nordwestfälischen. Man kennt Vierpfostenstühle, deren Vorbilder aus den Niederlanden stammen, Bänke und die für beide Länder typischen gedrechselten Dreipfostenstühle, die heute noch in Emmerich gemacht werden.

Die großen, meist quadratischen zweitürigen *Eichenkästen* sind überwiegend schmucklos bis auf das reichprofilierte Gesims und evtl. Jahreszahlen und Monogramme. Ganz selten sind die Füllungen mit pflanzlichen Motiven beschnitzt. Vorgeblendete Rundbögen an kleineren Schränken zeigen besonders deutlich die niederländischen Einflüsse. Als *Wäsche- und Kleiderschränke* stehen sie in den Stuben, später auch in den Herdräumen, die immer mehr zu Wohndielen umgestaltet wurden. Die niedrigeren zwei- und dreitürigen *Milchschränke* kommen überall im Rheinland und im Bergischen Land vor. Einigen Einfluß hatten im 18. Jh. die Aachener und Lütticher Möbel auf Form und Ausschmückung bäuerlicher Möbel. Die zierlich geschweiften Felder kommen noch an Möbeln in der Eifel vor. Ein beliebtes Stück wurde auch im Bauernhaus der Schrank mit verglastem Oberteil zum Aufstellen des schönen Geschirrs. ›Prahlhans‹ ist auch hier der treffende Name.

Das wichtigste Behältermöbel ist jedoch, besonders am Niederrhein, die *Truhe*, die ›*Kist*‹, für Bettzeug und Wäsche. Es haben sich *Koffertruhen* mit Beschlägen, die mit farbigem Leder unterlegt sind, und viele *Frontalstollentruhen* und *Kufentruhen* mit dachförmigem oder flachem Deckel erhalten. Sie sind durch aufgesetztes Rahmenwerk der Zeit angepaßt worden. Am häufigsten sind die *Vierfeldertruhen*, doch es gibt auch Zwei- oder Sechsfeldertruhen. Die mächtigen Stollen der *Stollentruhen* sind im Laufe des 18. Jhs. auch hier immer schmäler geworden, und der rechte Winkel zwischen Stütze und Kasten wurde bei allen Truhenformen durch ein geschweift ausgeschnittenes und beschnitztes Zwickelstück ausgefüllt. Am Niederrhein und im Bergischen Land arbeitete man auch gern Schubladen unter dem Kasten ein, wenn man nicht das neue Möbel, die *Kommode*, direkt übernahm.

Doch alle Freude am Schmücken lenkte sich auf die Truhen. Sie wurden durch vorwiegend flache Reliefschnitzerei oft überreich ausgestattet mit Schuppenmustern in verschiedenen Versionen, Wellenmustern, Rosetten und Wirbelrosetten, Pflanzen, Trauben, Blumen, Herzen und Vögeln. Auch Adler und Pelikan erscheinen.

Kleingerät wurde gern durch Kerbschnitt und Aussägearbeit geschmückt.

Im Süden, etwa hinter Mönchengladbach, liegt die Grenze zwischen Hallenhaus und mitteldeutschem Haus. Die Höfe auf der linken Seite des Rheins haben das Wohnhaus vom Stall getrennt, oft aber den Speicher unter demselben Dach und, je nach Größe, Stube und Kammer. Man kommt hier zuerst in den Herdraum, der auch als Wohnraum dient, und dann, am Herd vorbei, in die Stube, die, wenn sie unterkellert ist, zwei bis drei Stufen höher liegt. Die Stube wird meist nur durch eine in die Wand eingelassene eiserne Reliefplatte, eine ›Takenplatte‹, mitgeheizt, doch gibt es auch eiserne Hinterladeröfen. Ein einfacher *Milchschrank* für Lebensmittel und Geschirr, die regalartige *Schüsselbank* und ein praktischer *Klapptisch* sind das Mobiliar der Küche. In der ›guten Stube‹ steht hier auch das *Bett* für die Eheleute, wenn die Schlafstätten nicht in Alkoven sind. Es wirkt oft nur wie ein Himmelbett, denn seine Pfosten sind oben durch einen Rahmen verbunden, an dem der Vorhang befestigt wird. Diese Form ist in Hessen häufig anzutreffen. Daneben steht die *Wiege*, eine Querschwingerwiege, die ein Dach haben kann.

In der Ecke über dem Tisch ist das Hausaltärchen mit einer Madonna oder dem Kruzifix.

Die Möbel sind einfach, mit wenig Schmuck versehen.

Hessen

Das heutige Hessen erstreckt sich vom Neckar im Süden bis zum Reinhardswald nördlich von Kassel und grenzt beinahe an alle Bundesländer und an Thüringen. Als Volkstumsgebiet ist jedoch vor allem das alte Kurhessen mit der Hauptstadt Kassel ergiebig, etwa nördlich der Linie Wetzlar, Friedberg, Alsfeld, Fulda. Hier liegen auch die bekannten Trachtengebiete wie die Schwalm, zwischen Alsfeld und Ziegenhain, und das Schlitzer Land. Ein katholisches Gebiet, östlich von Marburg, fällt durch besonders farbenfrohe Trachten auf. Sonst ist Hessen, bis auf wenige katholische Enklaven, seit der Reformation ein protestantisches Land.

Der Norden hat mehr bäuerliches Land als das südliche Rheinhessen, wo in Stadtnähe die Wein- und Obstbauern sitzen.

Die *Bauernhäuser* gehören im ganzen Hessenland zum mitteldeutschen, fränkischen Haustyp. Es sind freundliche Fachwerkhäuser, entweder ganz in Fachwerk erbaut, oder, wie in Franken, mit einem Steinsockel und Fachwerk ab erstem Stock. Die lebendig geführten Balken sind geschnitzt und bemalt, wie in den Nachbargebieten Westfalens und Niedersachsens.

In den Stuben liegt der *Tischwinkel* mit der *wandfesten Bank*, dem *Gestelltisch* und den *Stühlen*, dem eisernen, von der Küche aus geheizten Ofen gegenüber.

Die *Stühle* sind vielfältig gestaltet. Es gibt Pfostenstühle, mit und ohne Armlehnen, und Brettstühle. Beide Formen sind, wie die meisten Möbel, aus Hartholz geschnitzt. Bei den *Brettstühlen* können Sitz und Lehne aus anderem Holz als die Beine sein. Ein bevorzugtes Material ist Buchenholz. Die *Pfostenstühle* sind meistens vom Schreiner gemacht und mit ausgesägtem und geschnitztem ornamentalem und figürlichem Dekor versehen. Drechselzutaten wie Säulchengalerien zwischen den Lehnenbrettern und ganz gedrechselte Stühle kommen mehr in Nordhessen vor. Sie können auch gestrichen sein.

Die berühmtesten Pfostenstühle sind die *Brautstühle der Schwalm*, besonders die im 19. Jh. entstandenen mit der weit-

Truhe aus Urach/Hochschwarzwald, um 1830. *Bad. Landesmuseum,
Karlsruhe*

Himmelbett aus der Waldshuter Gegend, 2. Hälfte 18. Jh.
Bad. Landesmuseum, Karlsruhe

Schrank aus Landersdorf, Krs. Hiltpoltstein, dat. 1838.
Bayer. Nationalmuseum, München

Schrank von J. M. Rößler, dat. 1839. *Mainfränk. Museum, Würzburg*

Drei Stühle aus der Umgegend von Feuchtwangen, Anfang 19. Jh.
Heimatmuseum Feuchtwangen

Truhe aus der Rhön, dat. 1736. *Rhönmuseum, Fladungen*

Kastentisch aus Hessen, dat. 1832.
German. Nationalmuseum, Nürnberg

Wiege aus dem Hunsrück, dat. 1794.
German. Nationalmuseum, Nürnberg

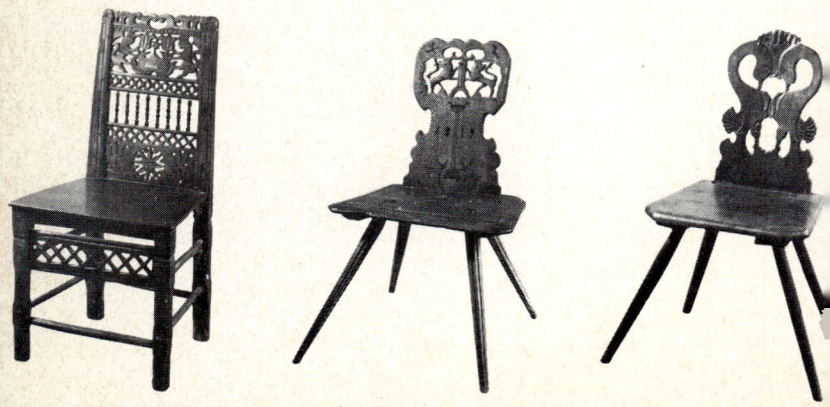

2 Brautstühle aus der Schwalm/Hessen, 1831 (links) und zwischen 1833—1836 (rechts). *German. Nationalmuseum, Nürnberg*

Pfostenstuhl aus Fritzlar, Krs. Homberg, dat. 1809. Stuhl aus Rauischholzhausen, Krs. Marburg, dat. 1819. Stuhl aus Nauenstadt, Krs. Essingen/Hessen, mit Pelikanmotiv, Ende 18./Anfang 19. Jh. *Alle im German. Nationalmuseum, Nürnberg*

Schrank aus Steinbach/Odenwald, von Franz Baier, dat. 1830.
Bad. Landesmuseum, Karlsruhe

Truhe aus dem Rheinland, dat. 1790. *Köln, Kunstgewerbemuseum*

Dreiflügeliger Schrank aus dem Bergischen Land, Ende 18. Jh.
Köln, Kunstgewerbemuseum

ausladenden Lehne, deren reicher, geschnitzter und ausgesägter Dekor, Rosetten, Sterne, Herzen, Vögel, Blumen und Ornamentkanten, Jahreszahlen und Namen, mit leuchtenden Farben bemalt ist. Die Pfosten der Lehnen enden in ausgesägten Tulpen oder Vögeln. Auf eine Beziehung zu den pommerschen Stühlen aus Jamund wurde schon hingewiesen.

Bei den Brettstühlen ist der Doppeladler ein häufiger Dekor, oft nur in ungefähren Umrissen ausgesägt, auch zwei Löwen, ausgesägt und geschnitzt, und die beiden Pelikane, die sich die Brust öffnen, um ihren Jungen ihr Blut zu opfern.

Die *Truhen,* Laden genannt, können zwei, drei oder vier Felder haben, arkadenförmige oder sechseckige, auch solche mit reichverkröpfter Umrahmung und ganz einfache viereckige. Der geschnitzte pflanzliche und ornamentale Dekor ist zum Teil bemalt und oft noch durch eingelegte Ornamente ergänzt. Figürliche Einlegearbeiten kommen vor, seltener auch religiöse Motive. Neben den Hartholztruhen gibt es einfache, kleinere, bemalte Truhen aus Weichholz, die meist im Besitz des Gesindes waren. Sie haben zwei gleichgroße Felder und ein schmales Feld in der Mitte und sind mit Blumen bemalt. Unter den Feldern läuft ein Spruchband, wie auf den Truhen der benachbarten Rhön, denen sie auch ähneln.

Die Schränke haben Türen mit durchgehenden oder je zwei Füllungen, die beschnitzt, bemalt und eingelegt sind, wie auch die Rahmen oder die Friese. Auch das profilierte, etwas ausladende Gesims ist verziert.

Die Betten erscheinen wie Himmelbetten, es ist aber typisch für Hessen, die Pfosten oben nur durch einen Rahmen zum Befestigen des Vorhangs zu verbinden. Im 19. Jh. verschwindet allmählich das Pfostengestell. Die Betten sind meistens aus Hartholz gearbeitet und mit bemalten Schnitzereien geschmückt.

Die Wiegen sind beschnitzt und bemalt. Wie im südlichen Westfalen kommen auch Längsschwingerwiegen vor.

Als besondere Schwälmer Wirtschaftsmöbel sind die *Milchschränke* aus Weichholz zu nennen, deren Türfüllungen, die oberen zwei oder alle vier, aus hölzernen Gittern bestehen. Sie sind noch im 19. Jh. Kufenschränke.

In den Gebieten südlich von Wetzlar, nördlich von Marburg und um Biedenkopf sind einige Meister bekannt geworden. So hat in Brandoberndorf, westlich von Butzbach, *Henrich Hartert* Mitte des 19. Jhs. gearbeitet. Seine flache, ornamentale Reliefschnitzerei ist in Felder eingeteilt und hellfarbig bemalt auf dunklen Grundfarben, wie rotbraun, dunkelblau oder dunkelgrün. In Mudersbach, Kr. Biedenkopf, lebte *Johann Georg Gombert* (1799–1872). Er schnitzte symmetrisch geordnete, dünne geringelte Ranken mit stilisierten Blüten, deren Hauptblüte eine Tulpe mit einem Herz sein kann. Sie sind in kräftigen Farben gefaßt und stehen auf blankem oder dunkel gestrichenem Grund.

Ähnlicher Ranken- und Blütendekor erscheint auch im Umland von Marburg, auch ausgesägt und bemalt.

Etwas Besonderes ließ sich *Johannes Heck* (1785–1845) aus Friedensdorf, Kr. Biedenkopf, einfallen. Er legte zu Schnitzereien und Einlagen aus verschiedenen Hölzern auch Zinnfiguren ein.

Die Pfalz

In den Bauernhäusern der Pfalz, die dem fränkischen Typ angehören, der für weite Gebiete Mitteldeutschlands bestimmend ist, findet man keine bedeutende Wohnkultur. Die berühmten Namen deutscher Spitzenweine an der Weinstraße lassen auf Wohlhabenheit der Weinbauern schließen, aber diese nutzten ihren Grund für den Weinanbau so, daß die Häuser zugunsten der wichtigen Keller, zurückstehen mußten. Im Pfälzer Wald und nordwestlich davon, im Westrich, sind Häuser und Einrichtung ärmlich.

Das erhaltene alte Mobiliar ist vor allem aus Hartholz gemacht und mit Schnitzereien verziert. Besonders im *Westrich* bestanden Beziehungen zum unteren Elsaß und zu Lothringen.

Vereinzelt wurde auch Weichholz verarbeitet und mit einfachen Blumen bemalt, vor allem in der Gegend von Kaiserslautern. Nirgends findet man religiöse Darstellungen in der Volkskunst, denn die Pfalz war stark von der Reformation, insbesondere vom Calvinismus, geprägt, der die Entwicklung bildhafter Gestaltung verhinderte. Nach vielen Kriegen, die die Pfalz in Mitleidenschaft gezogen hatten, gehörte sie von 1815 bis 1945 zu Bayern, doch wurde von diesem dominierenden Land in der volkskünstlerischen Möbelmalerei keine Anregung aufgenommen.

Typisch sind in den Stuben der Pfalz wie auch des Elsaß die eingebauten *Alkoven*, in denen die Betten stehen, die, weil man sie nicht sieht, nur wenig geschmückt sind. Die übrigen Wände können vertäfelt sein, bis auf die Wand hinter dem Ofen, hier ein eiserner Hinterladerofen, über dem in einem Gestell mit Laden ursprünglich Käse getrocknet wurde. Außer dem großen Tisch mit den Wandbänken, einer beweglichen Bank mit Lehne, und einigen Stühlen sind in den Stuben nur noch beschnitzte Wandschränkchen untergebracht, die auch als Eckschränkchen gebaut sein können. Ein stehender Eckschrank mit stufenartigem Aufsatz für Ziergeschirr, auch hier ›*Dressur*‹ genannt, dient als Büfett.

Die Stühle sind vorwiegend *Brettstühle* mit geschnitzten Lehnen. Viele zeigen den Doppeladler, den Pfälzer Löwen und an Brautstühlen auch verschlungene Herzen. Vereinzelt tritt das Motiv der zwei verschlungenen Schlangen auf, das südwestlich der Pfalz häufiger ist.

Schränke und *Truhen* stehen in den Kammern und in der oberen Stube. Seit dem 18. Jh. sind auch *Koffer* mit Eisenbeschlag und etwas Malerei gebräuchlich.

Die *Wiegen* sind einfach beschnitzt. Für die größeren Kinder gibt es aufklappbare Lehnenbänke als Betten.

Pennsylvanien

Im Zusammenhang mit den Bauernmöbeln der Pfalz ist ein Blick über den Ozean nicht uninteressant.

Von allem, was an Volkskunst der Einwanderer in vielen Gegenden des nordamerikanischen Ostens entstanden ist, haben diejenigen Pennsylvaniens, die sogenannte ›Pennsylvania Dutch Folk Art‹, die größte Bedeutung.

Seit Ende des 17. Jhdt. wanderten Deutsche nach Nordamerika aus, besonders nach Pennsylvanien, ein in jeder Beziehung tolerantes Land, das der englische Quäker William Penn 1682 gegründet hatte. Allein 1709 fanden 14 000 Pfälzer dort eine neue Heimat. Ihre Sprache war noch bis ins 20. Jhdt. lebendig, und Ortsnamen wie Palatine und New Paltz erinnern an die ersten Pfälzer in Amerika. Viele Deutsche, auch aus Sachsen und Schlesien, folgten ständig. Sie lebten mit den Siedlern anderer Nationalitäten im besten Einvernehmen. Das Mobiliar wurde größtenteils erst drüben von miteingewanderten Handwerkern angefertigt, aus fremden Hölzern, in Erinnerung an die ländlichen Möbel der Heimat, vermischt mit Eindrücken der neuen Umgebung. Es hat den Charme einfacher, formschöner Gebrauchsgegenstände. Vieles ist bemalt, und jede Familie hatte gern ihren besonderen ›touch‹. Die bevorzugte Blume ist die Tulpe, im Strauß und am Lebensbaum mit anderen stilisierten Blüten. Typisch sind auch zwei gegenständige Einhörner, die sich an einem Lebensbaum aufrichten, sowie Reiter.

Die beste Zeit der bäuerlichen Möbel lag hier, wie in Europa, zwischen 1750 und 1850.

Elsaß

Im Süden der Pfalz schließt sich das Elsaß an, das sich am linken Ufer des Oberrheins, im Westen begrenzt von den Vogesen, bis zur Schweiz hinzieht. Johann Calvin, 1538 aus Genf ausgewiesen, machte Straßburg zu einem Mittelpunkt der Reformation. Ende des 17. Jhs. kam das Elsaß zu Frankreich. Die Kriege des 17. Jhs. hatten viel zerstört, besonders auf dem Land. Sehr altes Mobiliar ist darum nicht mehr zu finden. An den um 1700 wiederaufgebauten Häusern, hier alemannisch-fränkische Fachwerkhäuser, wie man sie z. B. in Colmar sieht, zeugt manchmal noch Zimmermannsbemalung von der Freude an der Farbe. Doch der wachsende französische Einfluß stellte die unbemalte Einrichtung aus Hartholz in den Vordergrund. In der Stube ist der Platz für die Betten durch eine *Alkovenwand* aus dunklem Holz abgetrennt. Nur die Vorhänge geben etwas Farbe. Die *Himmelbetten* dahinter sind aber oft aus Weichholz gemacht und mit Blumen in Rauten oder Rechtecken bemalt. Auch Bibelsprüche finden sich an den Kopfenden in protestantischen Gegenden.

Spätere Vertäfelungen sind wie die Alkovenwand in dunklem Holzton. Die *Öfen* sind eiserne Hinterladeröfen, jedoch im südlichen Sundgau wurden schöne farbige Kachelöfen gemacht. Ein Trockengestell ist immer über dem Ofen angebracht. Der *Tisch* in der Fensterecke hatte früher schräge Beine mit Querverbindung, aber er wich der französischen Form mit geraden Beinen. Darüber hängt in der Ecke in katholischen Gegenden ein Kruzifix, sonst ein Eckschränkchen mit geschnitzter Vorderseite.

Neben den wandfesten Bänken übereck gibt es bewegliche *Bänke*, die gern aus Weichholz gemacht und mit leuchtend farbigen Blumen bemalt wurden. Die *Brettstühle* aus Hartholz zeigen alle bekannten geschnitzten Lehnenformen. Auch *Sessel* sind gebräuchlich, und für den Großvater gibt es einen *Lehnstuhl*, einen Pfostenstuhl mit mehreren Quersprossen in der

Lehne und geflochtenem Sitz. Die *Truhen* und *ein- und zweitürige Schränke* wurden öfter aus Weichholz gemacht und bemalt. Das Rautenfeld kommt häufig als Umrahmung figürlicher
Darstellungen oder Ornamente in der Malerei vor. Die *Querschwingerwiegen* sind meistens bemalt.

Ein typisches französisches Möbel, das *Büfett,* mit einem zweitürigen Kasten unten und einem zweitürigen aber weniger tiefen
oben, fand im späten 18. Jh. Aufnahme und wurde ebenfalls in
Weichholz gearbeitet und bemalt. *Standuhren* sind immer aus
Hartholz.

Die Landschaften und ihre Möbel —
der Süden

Oberbayern

Im 12. Jh. mußte Heinrich der Löwe das Herzogtum Bayern an
die Wittelsbacher abtreten, zum Wohl für das bäuerliche Land,
denn die geschickte Politik seiner Herrscher brachte ihm eine
gesunde Entwicklung und hielt die großen Krisen des 16. Jhs.,
Bauernkriege und Reformation, fern. Zugleich wirkten die vielen geistlichen Besitztümer im Lande kulturell fördernd, später
waren es vor allem die Jesuiten, die in dem wichtigsten katholischen deutschen Land die Gegenreformation begannen. Ihre
prächtigen barocken Kirchenbauten wurden unter anderem zu
Vorbildern für das Bauen im Lande.

Das waren günstige Voraussetzungen, auch für die Entwicklung
der Volkskunst, besonders in Oberbayern, das durch München
als Residenz und größte Stadt, bevorzugt war.

Doch erst nach dem 30jährigen Krieg, der auch Bayern nicht
verschonte, begann Ende des 17. Jhs. ihre Blüte im Zeichen des
Barock. Der Einfluß der Benediktiner, die auf allen Gebieten des
kulturellen Lebens tätig waren und besten Kontakt mit dem
Volk hatten, muß in diesem Zusammenhang hervorgehoben
werden.

Ähnlich wie in Österreich ist durch diese Einflüsse auch das
ländliche Mobiliar mehr als anderswo vom Zeitstil geprägt. Man
konnte es sich auch leisten, in den geräumigen Höfen viele
Möbel aufzustellen. Der wichtigste Raum im alpenländischen
Haus ist die ebenerdige Stube im Wohnteil, der mit Stall und
Stadel unter einem Giebel vereint ist.

Die ältesten Stuben zeigen innen die ursprüngliche Blockbauweise des Hauses. Der Wohnteil kann auch gemauert und hell
verputzt sein; das regte die Maler im 18. Jh. an, die Giebelseite
mit dem Eingang mit ihrer oft prächtigen sogenannten ›Lüftl‹-
Malerei zu schmücken, deren Schwerpunkte in der Gegend von

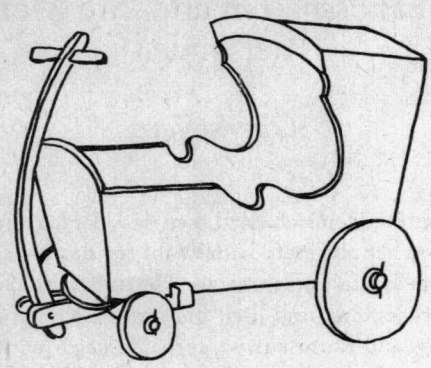

Kinderwägelchen aus Oberbayern, Ende 18. Jh.

Tölz, um Miesbach und im Werdenfelser Land liegen. Die Stuben sind dann innen verputzt oder vertäfelt. Die Balkendecke wird immer gern sichtbar gelassen. Es gibt im 18. Jh. auch bemalte Vertäfelungen.

Der große Kachelofen mit der Ofenbank wird von der Küche aus geheizt. Über ihm ist ein Trockengestell befestigt.

Dem Ofen gegenüber, in der Ecke mit zwei Fensterwänden und der wandfesten Eckbank, steht der Tisch, und darüber hängt im ›Herrgottswinkel‹, in der Ecke, der Kruzifix. Der Tisch kann eine Steineinlage haben, aber auch Intarsia aus Holz, die in Form von Eßbesteck auf die Funktion des Tisches hinweisen.

Die Stühle sind vorwiegend Brettstühle mit ausgesägten und bemalten Rückenbrettern, aber auch mit halbrunden Lehnen, die der Form des Sitzes angepaßt sind und auf Säulchen oder ausgesägten Brettchen ruhen. Es gibt auch Pfostenstühle und gepolsterte Bänke.

Für die Malerei sind die Truhen und Kasten, Betten und Wiegen die wichtigsten Möbel. Sie stehen in den Fluren, in den Kammern und in den oberen Stuben des geräumigen Hauses.

Die Möbelmalerei begann in Bayern schon im 16. Jh. mit Schablonenmalerei und einfacher freihändiger schwarzer und roter

Malerei auf Blankholz. Nachahmung von Intarsienmotiven, wie Bandelwerk, Arabesken, Blumen, Heraldik und Architekturstücken, immer noch auf Blankholz, doch schon mit mehr Farben, war der im 17. Jh. nächste Schritt, bis die Farbe sich mit Macht durchsetzte und die Malerei auf dem grundierten Möbel bis zur Mitte des 19. Jhs. der schönste Schmuck der oberbayerischen Bauernmöbel wurde.

Die Möbelmalerei steht in Oberbayern, wie auch in Österreich, oft in Verbindung mit der *Kirchenmalerei* und der ›*Lüftl-Malerei*‹, der Freskomalerei an den Hauswänden, auf die sich auch mancher bekannte Meister verstand. Auch Votivtafeln kamen häufig aus den Werkstätten der Schreiner-Maler.

In einigen Gegenden Oberbayerns trat eine besonders eigenständige Malerei auf, die entweder an mehrere Werkstätten, Familienbetriebe oder an einen Meister gebunden war.

TÖLZ

Die bekanntesten bemalten Möbel sind wohl die Tölzer, besonders die *Schränke* und *Truhen*. Das liegt einmal daran, daß sich eine große Anzahl solcher Möbel erhalten hat, denn, sehr zum Ärger der Münchner Tischler, herrschte nach ihnen große Nachfrage, auch in entfernteren Gegenden, und sie wurden von den Tölzer Flößern weit isarabwärts transportiert. Zum andern aber fallen sie auf durch ihren unverwechselbaren Dekor, der die nicht großen, einfachen Kästen (Kasten = bayerisch für Schrank) üppig bedeckt. Meist auf *blauem, seltener auf grünem Grund,* wachsen die *Tölzer Rosen,* kühn vereinfacht aus Flecken mit weißlicher, schwungvoller Zeichnung, aus Töpfen und Vasen, von Bandwerk und Rocaillen begrenzt oder frei, immer in Verbindung mit den Herzen Jesu oder der Mutter Gottes, ihren Brustbildern oder ihren Namenszügen, deren Anordnung verschieden sein kann. Da es auf den ein- und zweitürigen Schränken keine Feldereinteilung durch aufgesetzte Leisten gibt,

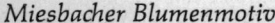

Miesbacher Blumenmotiv   *Tölzer Rose, Schema*

konnten die Maler ungehindert variieren, was ihnen ausge-
zeichnet gelungen ist. Die besten Stücke dieses Typs entstanden
in den ersten Jahrzehnten des 19. Jhs.

MIESBACH, SCHLIERSEE UND MANGFALLTAL

Im 17. Jh. tritt in dem Marktflecken *Miesbach*, zunächst in
Form von Scheinintarsien, ein gemaltes Motiv auf, das durch
seine morgenländische Wirkung den Stücken den Namen ›*Türkenmöbel*‹ einbrachte. Es handelt sich um Tortürme mit Zwie-
belhauben, die wiederum in intarsienhaft ornamentierten Tor-
bögen stehen. Dieses merkwürdig türkische Motiv, dessen Ursprung unbekannt, aber wahrscheinlich in dem von Türken
besetzten Balkan zu suchen ist, kommt bis Mitte des 18. Jhs.
immer wieder einmal vor. Dann verliert es sich, doch die *Tor-
bögen* bleiben. Sie können mit dem ebenfalls typischen reichen
und bewegten Ranken- und Blütendekor zusammen auftreten,
der durch weiße Konturen plastisch wirkt, dieser Dekor kann

aber auch allein stehen, verbunden mit den Ligaturen von Jesus und der Gottesmutter. Oft ist neben den Türen noch je eine gewundene Säule aufgemalt. Die Möbel sind *meist grün mit etwas Rot, viel Weiß und Blankholz*. Charakteristisch für Miesbacher Möbel ist bei frühen Stücken die Malerei mit Schablone auf Blankholz, später bleiben immer die Leisten der Feldereinteilung unbemalt.

In *Schliersee* arbeitete in der zweiten Hälfte des 18. Jhs. der Meister *Johann Nepomuk Bichler*, der wahrscheinlich auch für das Kloster Tegernsee tätig war. Von ihm gibt es amüsante, volktümliche Szenen, häufig auf blauem Grund, der mit Streifen und Blümchen manchmal wie eine Tapete wirken kann.

Im *Mangfallgebiet* hinter Lenggries wirkten zwei *Behaims*, *Behams oder Böhams*, unter denen besonders *Johann Baptist* als volkstümlicher Rokokomaler hervortritt. Er starb 1838 in Aibling. Die Schränke in dieser Gegend zeichnen sich durch einen besonders geschwungenen, durch zwei Voluten gebildeten Giebel aus.

Nicht weit davon lebte in *Degerndorf bei Brannenburg* am Inn (Kr. Rosenheim) ein anderer bedeutender Maler, von dem überliefert ist, daß er auch sein eigenes Haus außen bemalte, *Anton Perthaler* (1740–1806). Während auch Bandelwerkornamentik nach Intarsienvorbildern zu seinen Arbeiten gehörte, malte er sonst ganz im Sinne des Rokoko, wie die erhaltene Einrichtung seines Hauses zeigt. Hellblauer Grund ist häufig, auch hellblaue Felder auf dunklerem Grund, mit religiösen Motiven, Blumen, hellen Akanthusranken oder umrahmende Rocaillen mit Darstellungen der Jahreszeiten und anderer Themen. Sein Sohn *Joseph* arbeitete in der Art des Vaters weiter.

EBERSBERG

Um und besonders nach 1800 entstanden im Umkreis von Ebersberg, südöstlich von München, überreich beschnitzte, mit starken Farben, Gold und Silber bemalte Möbel. Die kleinen Felder mit Heiligenbildern und Blumenvasen gehen fast unter in dem lebhaften Schnitzdekor, der die Kästen, Kommoden und Betten ziert. Besonders als Bekrönung der Kästen erscheinen die überquellenden geschnitzten und farbig gefaßten Blumen und Ranken wie übersteigertes Rokoko. Vielleicht zeigt sich hier auch schon ein Hinweis auf das sogenannte ›zweite Rokoko‹ der dreißiger Jahre des 19. Jhs., ins Ländliche übersetzt? Auffallend ist eine grüne und rote Marmorierung.

Die sogenannten *Obstädter Kistler*, aus der gleichen Gegend, wurden von mehreren miteinander verwandten Familien mit ihren Werkstätten gebildet. Ihre Möbel entstanden durch mehrere Jahrzehnte des 19. Jhs. hindurch. Der Höhepunkt wurde unter *Balthasar Wimmer* (1804–1863) erreicht. Er brachte — als Vergolder — die goldenen und silbernen Akzente in die Möbelmalerei dieser Gegend.

Die bunten und geschnitzten Blumen wurden zwar noch lange beibehalten, aber der veränderte Zeitgeschmack und die stärkere Beeinflussung durch die serielle Möbelherstellung brachte es auch hier mit sich, daß häufiger braune Holzmaserung durch Malerei imitiert wurde, auch finden sich aufgeklebte Lithographien als Schmuck.

Im *Tegerngau* arbeitete *Kasimir Brunner* bis etwa Mitte des 19. Jhs. ähnlich wie die Obstädter Kistler.

Der *Nordwesten von München*, hinter Dachau, tritt als Möbellandschaft nicht hervor. Die Vorliebe für Schnitzereien weist schon auf den Übergang ins Schwäbische hin.

Niederbayern

Niederbayern kann als Möbelgebiet nicht mit Oberbayern kon-
kurieren; die Bedürfnisse der Bevölkerung richteten sich nicht
so sehr auf das Mobiliar. Doch sind hier einige interessante
Möbelformen gebräuchlich gewesen.
Lange hatte man im Bayerischen Wald noch die an der Decke
hängende Wiege. Die Betten können rundum geschlossene
Schränke sein, wie man sie auch in Oberösterreich kennt. Auch
Truhenbetten gibt es, bemalt und gestrichen, und im Bayerischen Wald die ›Siedl‹, die alte aufklappbare Bettbank.
Eine Eigenart des Bayerischen Waldes sind die ›Totenbretter‹
zum Aufbahren. Sie wurden zur Erinnerung an die Toten nach
der Beisetzung am Wege aufgestellt.
Der Einfluß von Oberösterreich wird im östlichen Niederbayern
deutlich. Besonders im Rottal pflegte man die *Vedutenmalerei*
wie im Gebiet jenseits des Inn, das einmal bayerischer Besitz
war. Daneben wurde die Furniermalerei durch Farben wie Rot
und Blau verfremdet.
Etwas bekannter ist die *Gegend um Deggendorf*, wo die Isar in
die Donau mündet, durch die Arbeiten von *Ignaz Xaver Wein-
zierl* (1757–1825) und seiner Söhne, die auch Vorlagebrettchen
mit Heiligenbildern schufen.
Nördlich davon gab es im Wald nur noch kleinere Gebiete mit
Möbelmalerei.

Oberpfalz

Der nördlichste Teil des altbayerischen Gebietes ist auch sein
ärmster. Während hier im Mittelalter durch die Erzförderung
noch Wohlstand herrschte, brachten die geschichtlichen Ereignisse der folgenden Jahrhunderte Leid und Armut über das Land.

Motiv von einem Oberpfälzer Schrank, Mitte 19. Jh.

Als Bayern die Oberpfalz nach 300jähriger Herrschaft der pfälzischen Herzöge wieder angliederte, waren die Rekatholisierung des Landes sowie die Schrecken des 30jährigen Krieges, der sich hier besonders austobte, eine weitere Belastung für die auch von der Natur nicht besonders begünstigte Region. Im Osten erstreckt sich das karge und rauhe Bergland des Oberpfälzer Waldes, wo sich Glasbläserei und Porzellanindustrie angesiedelt hat; im Westen bildet der Fränkische Jura die Grenze. Die Ausstattung der Häuser, die im Norden dem fränkischen Typ angehören, ist einfach. Erhaltenes Mobiliar ist kaum älter als etwa 200 Jahre. In der Stube steht der große Kachelofen, auf dem auch gekocht wird, denn die Gegend gehört zum Kochofen-Kulturkreis. Der Boden ist meistens gepflastert. Um den Ofen läuft die Ofenbank, und in der Tischecke mit dem Kruzifix steht die wandfeste Bank. Die Tische haben schräge Beine. Einfache Brettstühle ergänzen das Mobiliar der Stube. Man erkennt den *Doppeladler* als Lehne, aber bei einigen Stühlen auch den Anklang an das Biedermeier.

Das 19. Jh. brachte der Möbelmalerei noch einmal einen Aufschwung. Die kleinen Truhen und ein- und zweitürige Schränke in den Kammern sind bemalt. Man findet vor allem Blumenmotive auf den einfachen Möbeln. Der blaue Grund herrscht vor, die Blumen blühen aus Vasen und Füllhörnern, auch in Ranken, in hellen, meist rot abgesetzten Feldern. Sparsame

Marmorierung auf der Mittelleiste der Türen und an dem knappen Gesims ist möglich. Man schreibt die blaue Grundfarbe dem Wirken der Familie *Poesl* in *Oberviechtach* zu, besonders den beiden Meistern des 19. Jhs., *Andreas* und *Gregor Poesl*.

Eine Gruppe von Möbeln aus *Sarching bei Regensburg* an der Grenze zu Niederbayern bildet eine Ausnahme. Sie wurde nicht von der blauen Farbe erfaßt, sondern zeigt sich in einem hellen Grün und ist außer mit Blumen, die auch in Ranken die Bildfelder umrahmen können, mit Heiligenfiguren oder weiblichen Allegorien der Jahreszeiten bemalt. Auch in Kallmünz, nordwestlich von Regensburg, wurden Möbel mit Heiligenbildern bemalt.

Die *Betten* sind zumeist Himmelbetten. An *Wiegen* gibt es Querschwinger, auch Bettchen auf vier schrägen Füßen und Ständerwiegen.

Oberschwaben und Allgäu

Das Land zwischen oberer Donau, Lech, Bodensee und Allgäuer Alpen gehört heute zum großen Teil zu Bayern, der kleinere Teil zu Württemberg. Es ist ein wohlhabendes und heiteres bäuerliches Land. Viele kleinere Städte, evangelische Reichsstädte, geistliche Stifte, wie Augsburg und Kempten, und Adelssitze standen in engerem Kontakt mit der Landbevölkerung, als es im katholischen Bayern mit der dominierenden Residenz-Hauptstadt München oder in Württemberg möglich war. Dadurch hatte auch das Mobiliar in manchen Gegenden einen leicht städtischen Einschlag, was sich in der Aufnahme des jeweiligen Zeitstils, auch Klassizismus und Empire, und oft in einer aparten Farbzusammenstellung zeigt.

Die *Häuser* Oberschwabens sind Fachwerkbauten mit steilem Dach, oft mit mehreren Stockwerken, im Allgäu findet man mehr ursprüngliche Blockbauten, aber auch vom Bodenseehaus beeinflußte Mischformen mit Fachwerk.

Die *Stuben* sind im 18./19. Jh. oft vertäfelt, auch nur bis zu den Fenstern, in Blankholz oder, besonders im Allgäu, bemalt. Gern wurden Haus- und Stubentüren beschnitzt und bemalt. Kleine Wandschränke sind meistens in die Vertäfelung eingebaut, auch sie sind beschnitzt und bemalt.

Die Öfen waren früher eiserne Hinterladeröfen, sind aber dann durch Kachelöfen mit der umlaufenden Ofenbank ersetzt worden. Darüber ist immer das Trockengestell angebracht. Im Allgäu sind die oben runden Lehmöfen typisch.

Die meist viereckigen *Tische* haben schräge gedrechselte Beine. Die Platte kann durch eingelegte Motive aus Hartholz, Sterne oder das IHS-Zeichen in der Mitte und Eßbesteck in den Ecken, geschmückt sein oder eine ganze eingelegte Steinplatte haben. Ein Kruzifix und Heiligenbilder bestimmen den ›Herrgottswinkel‹.

Neben den wandfesten Bänken sind hauptsächlich ausgeschnittene und beschnitzte *Brettstühle* mit allen bekannten Motiven gebräuchlich, auch dreibeinige mit gebogenem Lehnenbrett auf gedrechselten Säulchen und ein Pfostenstuhl mit hoher, oft gepolsterter Rückenlehne mit Ohrenbacken für den Großvater. Das schmale Ruhebett für den Hausherrn, die *Gautsche*, die an der Wand hinter dem Ofen oder vor dem Ofen steht, darf im schwäbischen Bauernhaus nicht fehlen. Sie wurde später oft vom städtischen Sofa verdrängt.

Die Einrichtung der Stuben wurde seit dem 18. Jh. manchmal noch durch eine Anrichte ergänzt, die als viertürige, geschlossene Form mit zurückgesetztem Oberteil oder mit freiem Anrichteteil zwischen den beiden Kästen auftritt. Zuweilen kommt auch in Oberschwaben die württemberger *Dressur* (von frz. dressoir/dresser = anrichten) vor, ein Schränkchen mit stufenförmigem Aufsatz zum Aufstellen von Zierat und Geschirr.

Im *Allgäu* ist ein Eckschrank beliebt, der bis an die Decke reichen kann, und aus einem großen zweitürigen unteren Schrank und einem kleinen eintürigen oberen, die durch die Rückwand verbunden sind, besteht. Um *Ulm* fanden sich zweitürige Halbschränke, und auch die Kommode hielt im 18. Jh. Einzug in die Bauernhäuser.

Truhen sind verhältnismäßig selten. Die Schränke dominieren. Es gibt ein- und zweitürige, beschnitzte und bemalte, und beschnitzt und bemalte Kästen. Die aufwendigsten stammen aus der Gegend von Günzburg, Anfang des 19. Jhs. Sie sind aus Weichholz, sehr ausgewogen im Maß, mit einem flachgewölbten Mittelteil des Gesimses, das in der Mitte von einer aufgesetzten Urne unterbrochen wird. Charakteristisch ist die Verbindung von farbig gefaßter, auch vergoldeter Schnitzerei, Quasten, Girlanden, Rosetten, Kränzen und reiner Malerei in den Feldern, Blumenmalerei und religiöse Motive. Die differenzierte Farbzusammenstellung auf einem Schrank: Hellblau, Hellgrün, verschiedene Rot-Rosatöne und Marmorierung zeigt wohl städtischen Einfluß. Andere Schränke sind einfacher. Im Allgäu wird hauptsächlich gemalt, mit hellen Farben zierliche Blumen, viele Rosen, Heiligenbilder, ländliche Idyllen und Landschaften. In Füssen wurde auch Blau in Blau gemalt.

In *Baisweil*, in der Gegend von Kaufbeuren, wirkten der Meister *Xaver Boos* (1790–1873) und sein *Sohn Benedikt* (1829–1902). Sie malten in sehr lichten, heiteren Farben, biedermeierlich, doch immer noch Elemente von Klassizismus und Empire bewahrend. Die Boos waren geschätzt, sie arbeiteten sogar für Auftraggeber in Augsburg.

Eine eigenständige, qualitätvolle Malerei mit ganzen Szenen zwischen Räumlichkeit vortäuschendem Quadergrund ist, wie bei der Marketterie mit einer Vertäfelung, vom Ende des 18. Jhs. aus dem *Tannheimer Tal* bei Füssen im Bayer. Nationalmuseum in München erhalten.

Himmelbetten, später mehr Aufsatzbetten, wurden wie die Schränke geschnitzt und bemalt.

Eigenartig sind hier, wie auch in Oberösterreich, die *Aufbahrungsbetten*, die der Gemeinde gehörten und den Familien für die Begräbnisfeierlichkeiten zur Verfügung gestellt wurden. Sie sind an Kopf- und Fußende mit entsprechenden religiösen Themen bemalt.

Die *Wiegen* sind Querschwinger und haben am Kopfende ein Gestell für das schützende Tuch. Sie sind bemalt oder geschnitzt. Es gibt auch Wiegen mit geschwungenen Pfosten.

Württemberg

Das anschließende Württemberg, seit 1805 Königreich, jetzt mit Baden zu einem Bundesland vereinigt, ist vom Protestantismus als Landeskonfession und von einer Jahrhunderte andauernden festen Führung geprägt. Der sprichwörtliche Fleiß sowie der seit Ende des 17. Jhs. in Württemberg vorherrschende Pietismus, eine verinnerlichte Sonderform des Protestantismus trugen ihr Teil zur Dämpfung des Ausdrucks der Lebensfreude bei. Bescheidenheit, Nüchternheit ist der hervorstechende Zug auch der häuslichen Einrichtung. Die Häuser sind mehrstöckige Fachwerkbauten, das Fachwerk ist aber nur in ehemaligen Freien Reichsstädten bunt bemalt. Sonst tritt die Farbe in den Hintergrund. Aber auch religiöse Symbole gibt es als Schmuck nicht, außer in vereinzelten katholischen Enklaven.

In den oft vertäfelten, doch bescheidenen Stuben ist der große *Kachelofen* ein Blickfang. Er wurde jedoch später durch einen gleichfalls beachtlichen eisernen ersetzt, aus der herzoglichen Eisengußhütte, mit dem Württemberger Wappen auf der Vorderplatte. Die Wand dahinter ist mit bemalten und mit Sprüchen beschriebenen Kacheln belegt, was recht originell wirkt. Auch hinter den Kachelöfen des Schwarzwaldes schützen Kacheln die Wand.

Wandfeste *Bänke*, eckige und runde Tische, sowie Brettstühle aus Hartholz mit den verschiedenen geschnitzten Motiven auf den Lehnen und die *Gautsche* sind auch hier das Grundmobiliar der Stube. Dazu kommt, allerdings selten, eine Sitzbank mit Schubladen, auch ›*Banksidel*‹ genannt. Wandkästen, Anrichten, können in die Vertäfelung eingebaut sein. Die ›*Dressur*‹, das Schränkchen mit dem stufenförmigen Aufbau, wahrscheinlich vom Stadtmöbel angeregt, war speziell in Württemberg und den angrenzenden Gebieten vertreten. Truhen sind kaum erhalten.

Die *Kästen* sind ein- und zweitürig und können bemalt oder geschnitzt sein, die Schnitzerei kann auch aufgesetzt sein. Ein sehr reich mit großen Rocaillen bemalter eintüriger Schrank aus

Münsingen (1786) mit einem Paar im Zeitkostüm in der oberen und schloßartigem Gebäude in der unteren Türfüllung weist auf Beziehungen zum Bodensee und zur Schweiz.

Die *Betten*, Himmelbetten, später Pfostenbetten, sind schlicht bemalt, auch mit sinnigen Sprüchen. Die Wiegen sind Querschwinger und entsprechen in der Auszier den Betten.

Baden

Das südliche Baden ist ein Land voller Gegensätze, schon von der Landschaft her, die ihre Menschen geformt hat. Politische und religiöse Verhältnisse, Bauernkriege, Reformation und Gegenreformation, haben sich hier ausgewirkt. Der *Breisgau* z. B., ehemals österreichischer Besitz, kam erst 1805 zu Baden. Die großen Weinanbaugebiete mit ihren mehrstöckigen schmalen Fachwerkhäusern stehen dem Schwarzwald mit seiner Viehwirtschaft gegenüber, dessen Bauernhäuser zu den schönsten im deutschen Sprachgebiet gehören. Es handelt sich oft um ›gestelzte‹ Häuser. Der Wohnteil liegt erst über dem uneingeteilten Wirtschaftsteil, Keller usw. Die Einrichtungen unterscheiden sich entsprechend. Die Stuben sind zumeist vertäfelt, jedoch verschieden aufwendig. In den größeren Häusern der Weingegenden kann die Vertäfelung sehr kostbar sein. Einflüsse der reichen Schweizer Renaissanceausstattungen werden im Süden, im Klettgau (bei Schaffhausen) deutlich.

Im *Schwarzwald* sieht es dagegen schlichter aus. Die Vertäfelung kann hier im 18. Jh. auch bemalt sein.

Die Stuben werden durch Kachelöfen von außen geheizt. Die Tische sind meistens Gestelltische mit eckiger oder runder Platte, evtl. im Schwarzwald mit einer Schiefereinlage. Außer den wandfesten Bänken sind Brettstühle in allen Formen vertreten.

Von alten Behältermöbeln ist wenig erhalten, mehr aus dem 18. und 19. Jh. Eindrucksvoll sind die *Schränke*, besonders aus der Bodenseegegend und dem Schwarzwald. Während in der

Rheingegend mehr geschnitzte *Hartholzmöbel* gebräuchlich sind
als im Elsaß, fallen am Bodensee die besonders breiten, bemalten Schränke aus Weichholz auf. Ihre zwei Türen sind durch ein
breites, bemaltes Mittelstück getrennt. Als Motive kommen
Heiligenbilder, Landschaften in Medaillons, die vier Jahreszeiten, und Blumen vor, zierlich zum Strauß gebunden, in hellen
Feldern, die auch nur malerisch dargestellt sein können. Ranken, Blumen und Rocaillen oder Marmorierung umgeben die
Felder, plastisch gemalte Säulen können die Schauseite be-
grenzen.

Der Hochschwarzwald scheint eine blühende Malgegend gewesen zu sein. Wahrscheinlich aus einer Werkstatt um Neustadt
stammt eine Gruppe schöner, eintüriger Schränke und Truhen
mit Louis-Seize-Einschlag. Sie wirken nicht nur durch ihre har-
monische Form, sondern auch durch ihre sanften Farben, hellblau, blaugrau oder etwa blaugrün mit rotbraun, vornehm. Die
zwei geschweiften, ausgegründeten Türfelder passen sich nach
1800 einem Medaillon in der Mitte an. In den Feldern erscheinen
in einem Kranz die Monogramme von Jesus und Maria. Auf das
angedeutete Sockel und auf das geschwungene Aufsatzstück,
das manche Schränke krönt, sind Dorf- oder Stadtansichten
gemalt. Typisch auch hier die Marmorierung auf den abgerun-
deten Seiten, am Gesims, auf früheren Schränken um die Felder,
bei späteren Schränken in den Feldern um die Monogramme.
In den gemalten hellen Nebenfeldern finden sich gebundene
Sträuße oder aus Füllhörnern blühende Blumen.

Die *Uhrenschildermalerei* der Gegend hatte deutlichen Einfluß
auf die Möbelmalerei. Wahrscheinlich haben die Uhrenmaler
auch Möbel in der gleichen Manier bemalt. Unverkennbar sind
die leuchtend farbigen Blumengebinde in Vasen auf dunklem
Feld auf blaßfarbigen Schränken und Truhen.

Die *Betten* sind Himmelbetten. In der Rheingegend stehen sie,
wie in den Häusern auf der anderen Seite des Rheins, in Alkoven, die von der Stube abgeteilt sind.

Die *Querschwingerwiegen* können in einem Gestell aufgehängt
sein. Sie können bemalt oder beschnitzt sein (Engelsköpfchen,
Rocaillen, Girlanden).

Odenwald — Mainfranken

Auf der rechten Seite des Rheins, zwischen unterem Main und unterem Neckar, beginnt eigentlich schon Franken, obwohl der Odenwald mit seinem Umland heute zu Hessen, zu Baden-Württemberg und zu Bayern gehört. Die schönen Häuser in den kleinen Städten des Odenwaldes, die oft unter Opfern erhalten werden, sind typische fränkische Fachwerkhäuser, alle mit dem Giebel zur Straße gerichtet. Der Eingang ist an der Seite. Die Bauernhöfe entsprechen der gleichen Bauart. In Mainfranken ist das Haus häufig durch den steinernen Unterbau, in dem sich etwa die Arbeiten des Weinbauern abspielen, äußerlich verändert. Durch das heitere Land um Würzburg verläuft die Bocksbeutelstraße. Der Odenwald dagegen ist versponnen. In seiner Einsamkeit sind viele Sagen entstanden, so kündet der Siegfriedbrunnen von Siegfrieds Tod durch Hagen.

Es konnten hier auch einige geistliche Sitze die Stürme der Reformation und der Bauernkriege überstehen, so daß neben der protestantischen Grundhaltung auch der Katholizismus stellenweise Einfluß behielt. Der 30jährige Krieg hat, wie überall, wo er sich ausbreiten konnte, viel zerstört, und die Kriege Ludwigs XIV. im 17. Jh. dehnten sich bis in dieses Gebiet aus.

Die Stuben der Bauernhäuser sind einfach, selten vertäfelt. Der Ofen ist eisern und steht auf einem Ofenstein. Ihm gegenüber liegt die Ecke mit der festen Wandbank und dem *Tisch*, dazu *Brettstühle* aus Hartholz mit verschiedenen geschnitzten Lehnen. Häufig kommt wieder der Doppeladler vor, manchmal auch Schlangen und steigende Löwen und die Motive der Brautstühle wie Doppelringe und Doppelherzen. Für den Großvater gibt es immer einen Lehnstuhl, den *Sorgenstuhl*. Auch die *Truhenbank*, hier ›Sittel‹ genannt, ist gebräuchlich und wird im aufgeklappten Zustand als Kinderbett benutzt.

Die früheren Behältermöbel, *Truhen und Kasten*, scheinen hauptsächlich aus Eichenholz angefertigt worden zu sein. Es sind auch geschnitzte Stücke erhalten. Im 18. Jh. wendete man sich der Verarbeitung von Weichholz zu und der Malerei, die besonders im hinteren Odenwald eine Blüte von eigenartigem Reiz entfaltet hat. Sie wird vor allem mit dem Wirken der *Familie Baier* aus der Umgegend von Mudau bei Buchen in Verbindung gebracht.

Die Baiers, Vater Johannes (1758–1824) in Langenelz und Sohn Franz (1795–1861) in Steinbach, arbeiteten ihre einfachen Möbel, wie Schränke, Truhen, Betten und Wiegen, bei den Bauern und bemalten sie. Besonders Franz hat wohl mit großer Freude alles in seiner etwas kindlichen Art bemalt. Unverkennbar ist die Aufteilung der Vorder- und Seitenwände seiner Schränke in viele kleine gemalte Felder. Auf einem zweitürigen Schrank hat man 18 Felder vor sich, auf rotem Grund, der bevorzugten Farbe der Gegend. Sie zeigen in dunklen und mit Kammstrich verzierten Rahmen auf gelblichem Grund Menschen in Tracht, schnäbelnde Vögel, einzelne Vögel mit merkwürdig menschlichen Gesichtern, um deren Bedeutung viel gerätselt worden ist, und Bäume, Lebensbäume, alles umgeben von Ranken. Andere Schränke der Gegend zeigen auch eine auffallende Längsbetonung durch gemalte in sich verzierte Streifen mit breiterem bemalten Mittelfeld. Die Baiers waren nicht die einzigen Maler in ihrer Heimat, aber ihre Arbeiten sind so eigentümlich, daß sie auffallen. Interessant ist auch, daß bei ihnen keine religiösen Motive erscheinen wie bei manchen anderen Malern der Gegend.

Mittelfranken

Franken wurde zur Zeit Napoleons nach und nach mit Bayern vereint. Seitdem hat es sich eingebürgert, die Landschaften vom Steigerwald bis zur Fränkischen Alb als Mittelfranken zu bezeichnen. Das sogenannte württembergische Franken mit den Grenzpunkten Bad Mergentheim, Crailsheim, Schwäbisch Hall,

Heilbronn und der Hohenloher Ebene in der Mitte, kam zu
Württemberg, ist aber in seiner Art fränkisches Bauernland
geblieben.

Die kleinen Stuben der Bauernhäuser, deren Fachwerk erst im
Obergeschoß beginnt, sind selten vertäfelt. Es kommt vor, daß
sie nach städtischem Vorbild sogar tapeziert sind. Die enge Beziehung zu den Städten zeigt sich auch in gewissen Eigenheiten
beim Mobiliar.

Die *Kachelöfen* stehen auf steinernen Füßen. Sie können auch
mit gußeisernen Platten kombiniert sein. Tonöfen mit eingesetzten Eisenplatten kommen im württembergischen Franken vor.
Das an der Holzdecke angebrachte Trockenreck gehört zur
Ofenecke, meistens auch eine Ofenbank.

Die Einrichtung ist einfach. Sie umfaßt die Möbel der Tischecke
mit der Wandbank, einem nicht sehr großen *Gestelltisch* mit
schrägen Beinen und Fußleisten, einer beweglichen *Bank mit
Brettlehne* und einigen *Brettstühlen*, deren Lehnen geschnitzt
oder ausgesägt sind. Der *Doppeladler* ist auch hier ein gern ver-
wendetes Motiv. In katholischen Gegenden hängt das Kruzifix
im Winkel über dem Tisch. Für den Großvater gibt es einen
schweren *Pfostenstuhl mit hoher Lehne mit Ohrenbacken*, die
geschnitzt, oder wie der ganze Stuhl gepolstert sein kann.
Wandschränkchen und *Tellerreme* mit den schönsten Tellern
machen die Räume heimelig.

Eine fränkische Besonderheit ist die *Pos-Stube*, eine Schlafkammer oder Ruhestube, die mit Bretterwänden von der Stube abgeteilt wird. Die Ofenwärme kann sie durch eine oben herum-
laufende ausgesägte Galerie erreichen. Der Name kann vom
französischen repos = Ruhe herkommen, die französisch-frän-
kische Bezeichnung ›cabinettle‹ spräche auch dafür. Es gibt auch
noch das Wort ›Posen‹ für Bettfedern und das davon abgeleitete
›nach Posen reisen‹ für Schlafen gehen.

In der Pos steht das *Himmelbett*, mit Blumen bemalt, oder später das *Aufsatzbett*, bei Bedarf die *Wiege*, die hier senkrechte
Pfosten hat und am Kopfende ein Gestell für das Tuch, sicher
eine Truhe, ein Schrank und ein Stuhl.

Die *Truhen und Schränke*, zu denen auch *Eckschränke (Win-*

Mittelfränkischer Dekor, 19. Jh.

kelalmer) gehören, lassen sich bis ins 17. Jh. zurückverfolgen.
Koffertruhen mit Beschlag stammen aus dem Hohenloher Land,
Anfang des 18. Jhs. Ein kleineres Möbel, die ›Dressur‹, bestehend aus einem niedrigen Schrank und stufenartigem Aufsatz,
wurde im 18. Jh. vom Stadtmöbel angeregt. Es war besonders
in Württemberg und den angrenzenden Gebieten gebräuchlich.
Waren die Möbel des 17. und frühen 18. Jhs. noch vorwiegend
mit geschnitzten oder ausgesägten, flachen, aufgesetzten Ornamenten verziert, so setzt sich im 18. Jh. die Malerei vollkommen
durch. Motive des Schnitzdekors, wie geflügelte Engelsköpfe,
erscheinen auch weiter, nur gemalt. Es war üblich, halbierte
Balusterstäbe als plastischen Dekor neben die Felder zu setzen,
sie wurden in der Gegend um Feuchtwangen auch in Verbin-

dung mit der Malerei in den Feldern beibehalten, sind aber im
19. Jh. verschwunden.

Auffallend ist an den *Schrankmöbeln* allgemein die Längsbetonung, sei es nur durch schmale lange Felder und Längsstreifen
auf den Türen und Friesen, wie es schon an Schränken des
Odenwaldes in Erscheinung tritt, oder auch durch die ganze
Form.

Die Türfelder laufen oft nach oben und unten spitz zu und sind
in der Mitte eingezogen. Meistens sind sie mit hohen schmalen
Sträußen in Vasen und mit Ranken bemalt, auf denen Vögel
sitzen können. Auch Weintraubenranken sind ein beliebter
Dekor, aber mehr auf dem Schranksockel.

In der Gegend zwischen Nürnberg und Eichstätt, um Weißen-
burg, Hilpoltstein und Thalmässing hat es eine Werkstatt ge-
geben, für die im 19. Jh. eine von den langen Mittelfeldern nach
außen laufende Maserierung aus feinen Wellenlinien und geraden Streifen, bräunlich und rötlich gehalten, charakteristisch
ist.

Im südöstlichen württembergischen Franken erscheint manchmal, auf eintürigen Schränken und Eckschränken, das lange
helle Feld ganz ausfüllend, ein Soldat in friderizianischer Uniform als Motiv, auch umgeben von Blumenranken mit schnä-
belnden Tauben über seinem Kopf. Religiöse Motive sind nicht
verwendet worden.

Einige Meister sind durch ihre Signaturen bekannt geworden.
Der Schreinermeister *Johann Michael Gerbing* (1750–1830) aus
der Gegend zwischen Crailsheim und Feuchtwangen, aus Brei-
tenau, blieb der Kunst des Rokoko verbunden. Von ihm sind
geschnitzte Möbel erhalten.

Ganz entgegengesetzt und in seiner Art einmalig arbeitete in
Untermünkheim am Kocher der Schreiner-Maler *Johann
Michael Rößler* (1791–1849). Sein Heimatort liegt bei Schwäbisch Hall und kam 1806 zu Württemberg. Sein erstes datiertes
und signiertes Stück, ein Stuhl, wurde 1815 gearbeitet. Als
Grundfarbe bevorzugte er fast ausschließlich ein mittleres Blau
für seine Schränke, aus dem die waagerechten und senkrechten

Leisten, Feldumrahmungen und Türkanten in einem hellen Rot
hervorleuchten. Blau hatte sich gegen Ende des 18. Jhs. als
dominierende Farbe allgemein in Franken herausgebildet.
Seine Schränke, mehr ein- als zweitürig, sind einfach gebaut.
Die Zusammensetzung ihrer Türen aus drei Brettern ist noch
durch die roten Leisten betont. Das mittlere ist das Bildfeld, auf
den äußeren ist je ein zierlicher Stab mit Blumengebinden an
beiden Enden und in der Mitte und einem Vogel als Bekrönung
gemalt. Die Motive für das mittlere Langfeld sind Menschen
seiner Umgebung, in ihrer Tracht liebenswürdig naiv gemalt.
Da sieht man einen Pfeife rauchenden Bauern, eine Frau mit
Früchtekorb und eine mit Blumenkübel, oder einen Mann mit
der Sense. Auch ein sich küssendes Bauernpaar gibt es und
Schnitter und Schnitterin. Meistens stehen sie alle etwa in der
Mitte auf einem Podest, oft mit Jahreszahl und Namen, und
haben über sich einen Blumen- und Früchtekorb und unter dem
Podest noch einen Blumenkorb oder mehrere Rocaillen. Irgend-
wo oben oder unten kann statt dessen die Hauskatze oder der
Hund gemalt sein. Die Figuren sind manchmal auch medaillon-
artig von Blumen umrahmt.
Das Mittelfeld kann in der Grundfarbe des Schrankes sein, es
kann aber auch ein oder zwei andere Farben, wie z. B. Orange
und Rosa, haben. Rechts und links der Tür betonen meist einige
mehrfarbige, z. T. gemusterte Streifen die Höhe.
Rößlers Möbel waren weitverbreitet, bis ins benachbarte Bayern.
Außer ihm haben auch andere Handwerker ähnlich, doch nicht
in der gleichen Qualität gearbeitet. Man denkt an den Vater
und den Bruder, die beide den gleichen Beruf hatten.
Als Parallele kann man die eigentümliche Malerei der Baiers
aus dem Odenwald ansehen, und man erkennt, daß sehr oft die
Bauernmöbelmalerei einer Gegend von der Originalität eines
Meisters oder einer Familie bestimmt wurde.

Oberfranken

Das nordöstlichste Land Frankens vereint verschieden begünstigte Landschaften. Je weiter man aus der Korn- und Weinlandschaft des mittleren Obermains nach Osten kommt, desto karger wird der Boden. Im Fichtelgebirge und nördlich davon saßen nur noch Waldbauern. Auch konfessionell besteht keine Einheit. Auf der einen Seite ist Oberfranken durch das Fürstbistum Bamberg, andererseits durch die protestantische Markgrafschaft Bayreuth beeinflußt.

Das Bauernhaus ist jedoch überall das fränkische Giebelhaus, wenn auch mit verschiedenen äußerlichen Eigentümlichkeiten. Wie in Mittelfranken ist hier von der Stube die ›Pos-Stube‹, mit der durchbrochenen Galerie oben, abgeteilt. Der Kachelofen mit der umgebenden Bank ist gleich daneben und heizt das ›Kabinettla‹ mit.

Die Stube hat meist eine Balkendecke, sie kann vertäfelt, evtl. auch bemalt sein, doch im allgemeinen ist sie recht einfach. Es gibt in Kulmbach eine bekannte mit Pflanzenornamenten und Jagdszenen bemalte Vertäfelung einer Herbergsstube aus dem späten 17. Jh.

Das Mobiliar war im 17. Jh. noch von der Möbelkunst der nürnbergischen Spätrenaissance mit ihren Fassadenschränken aus Hartholz beeinflußt Es gab auch die schweren *Kastentische* mit zwei Schubladen und verschiedene *Brettstühle*, alles noch unbemalt, doch im 18. Jh. hatte die Farbe auch hier den Sieg davongetragen. Die Blumenmalerei überwiegt, Menschen sind selten dargestellt; nur auf einer kleinen Truhe findet man zwei kniende, Vögel fütternde Bauern und einen Bauern, der auf einem Hahn reitet, Motive, die an die Lebkuchenbäckerei erinnern. Eine weitere Ausnahme sind die *Flößertruhen* des 19. Jhs. mit reicher Blumenmalerei und Bildern von Flößern in den Feldern.

Truhen gibt es in allen Größen. Wohl jeder besaß eine Truhe, reich oder einfach mit Blumenmalerei ausgestattet.

Die *Schränke* sind ein- und zweitürig, mit abgeschrägten Kanten und etwas ausladendem, profiliertem Gesims. Einige sind mit einer bräunlichen Maserierung, in die Blumen verteilt sein können, überzogen, die die Felder freiläßt.

In den andersfarbigen Feldern sind Blumensträuße mit Schleifen oder auch Rocaillen mit Blüten gemalt. Auch die Schrägen sind mit Blumen und Ranken bemalt.

Einflüsse aus Mittelfranken zeigen sich in der Umgegend von Bayreuth, verständlicherweise, denn die Markgrafschaften Ansbach und Bayreuth sind seit dem Ende des 18. Jhs. vereint, doch bestanden zwischen diesen beiden kurbrandenburgischen Enklaven im süddeutschen Raum schon vorher enge Beziehungen.

Etwas Besonderes sind die altertümlichen *Wirtschaftsschränke, Brotschränke, die B'halter* (Behälter) der Almer, mit mehreren Schubladen übereinander auf der linken Seite und einer Tür oder zwei Schubladen auf der rechten Seite. Einer der ältesten dieser Schränke wird im Fichtelgebirgsmuseum in Wunsiedel bewahrt. Seine blau-weiß-rote Bemalung ist regenbogenartig angeordnet mit Ausnahme der blauen Schubladen und der getupften Türfelder. Spätere Schränke zeigen auch zeitgemäße Akanthus- und Rocaillemalerei auf Rot und Blau.

Betten — Himmel- und Aufsatzbetten — sind meistens bemalt, ebenso die *Wiegen.*

Die Rhön

Sie erstreckt sich von etwa Fulda im Nordwesten bis Schmalkalden im Osten, von Schlüchtern im Nordosten bis Bad Kissingen im Süden, gehört also heute Bayern, Hessen und Thüringen an. Trotzdem ist sie, wie ihre Volkskunst zeigt, als Einheit zu betrachten.

Ehemals war Fulda das bestimmende geistliche Zentrum, dadurch ist das Land weitgehend katholisch geblieben, trotz seiner reformierten Nachbarn und einiger protestantischer Inseln. In den Stuben der einfachen mitteldeutschen Fachwerkhäuser steht der eiserne, von außen beheizte *Ofen* mit Wappen oder Motiven aus dem täglichen Leben auf den gegossenen Platten. Darüber ist ein Trockengestell angebracht. Nur in seltenen Fällen ist die Stube vertäfelt.

Man findet hier schon *Schablonenmalerei* in Schwarz und Rot aus dem 16. Jh. auf mächtigen *Sockeltruhen*. Zu dieser Zeit blühte auch eine bedeutende *Hafnerkeramik*, die sich bis in unsere Zeit erhalten hat. Die Möbelmalerei entwickelte im Laufe des 17. Jhs. charakteristische Bilder auf schlichten Möbeln. Im Gegensatz zu den Möbeln Mittelfrankens mit aufgesetzten Dekorteilen kennt man in der Rhön nur reine Malerei, die thematisch und technisch eher an die benachbarte Hauben- und Bänderschachtelmalerei des Thüringer Waldes denken läßt.

Der Übergang waren farbige, ornamental gestaltete Blumen, z. B. Tulpen auf Blankholz in den drei Bogenfeldern der typischen *Rhöner Truhen*. Im 18. Jh. bedeckt die Farbe die Möbel ganz, und es erscheinen als neue Motive Paare im Zeitkostüm und sehr vereinfachte Blumen und Früchte, die als Farbflecke angelegt sind und durch flotte weiße Pinselzeichnung ihren besonderen Reiz bekommen. Die meisten *Truhen* sind noch mit Bibelsprüchen versehen. Religiöse Darstellungen fehlen völlig, so daß man auf protestantische Hersteller schließen kann. An Farben findet man häufig Grün, auch Blau für den Grund und viel Rot und Gelb, auch Braun für die Malerei, die durch die weiße Zeichnung sehr hell wirkt. Die *Schränke* sind ähnlich bemalt. Häufig ist auch eine mit dem Kamm gemachte Maserierung zu sehen.

Truhen aus der hessischen Rhön unterscheiden sich durch zwei kleinere rechteckige Felder auf der Schauseite, mit sehr einfacher Blumenmalerei, Namen und Sprüchen in, über und unter den Feldern.

Neben diesen Kammermöbeln gibt es die altertümlichen *Stollentruhen*.

Die *Tische* sind einfache Gestelltische oder die als ›Rhöntische‹

Rhöntruhe, Anfang 19. Jh. (Germ. Nationalmuseum, Nürnberg)

bezeichneten Gestelltische mit einem eingebauten Kasten und
meist noch mit einer Schublade unter der Platte. Sie sind bemalt, in besonderen Fällen auch mit Intarsien, auch figürlichen,
geziert. Neben der Eckbank gibt es hauptsächlich Brettstühle
aus Hartholz mit geschnitzten Lehnen. Wie in vielen Gegenden
ist der Doppeladler ein häufiges Motiv; auch zwei aufgerichtete
Löwen mit geflügeltem Engelskopf darüber finden sich zuweilen.
Himmel- und Pfostenbetten wie auch die Wiegen sind bemalt.

Egerland

Von Oberfranken und von der Oberpfalz bestehen viele volks-
kundliche Beziehungen zum Egerland, seit seiner Besiedlung im
Mittelalter, besonders von der Oberpfalz aus. Erst nach dem
30jährigen Krieg kam dieses Gebiet fest zu Böhmen.
Es konnte sich hier eine reiche bäuerliche Kultur entwickeln,

die auch sehr von dem regen geistigen Leben der alten Hauptstadt Eger gefördert wurde und darum oft städtische Züge
zeigt.

Die Bauernhäuser entsprechen der fränkischen Bauweise. Über
einem Unterbau aus Block- oder Mauerwerk sind Obergeschoß
und Giebel in einem auch durch Farbe auffallenden schönen
Fachwerk errichtet. Mit dem Egerländer Fachwerkbau ist der
Name von *Johann Georg Fischer* (1742–1793) verbunden, einem
der bekanntesten Zimmerleute im Land, die sich auf dieses Zier-
fachwerk spezialisiert hatten.

In der Stube, die immer eine Balkendecke hat, steht ein Kachelofen, umgeben von Ofenbank und Trockengestell. Hinter dem
Ofen ist die ›Höll‹, eine mit dem Ofen gebaute Kachelbank, die
mitgeheizt wird. Hier sitzen gern die alten Leute. Auch in der
Oberpfalz gibt es diese gemütliche Einrichtung.

Dem Ofen schräg gegenüber ist die Tischecke mit den festen
Wandbänken, dem Kruzifix darüber und einem *Tisch* mit geraden Beinen, die durch Fußbretter miteinander verbunden sind,
davor. Die Tische können bemalt sein. Als bewegliche Sitzmöbel
sind *Bänke mit Brettlehnen* zu nennen, deren Lehnen auch umgeklappt werden können, *Brettstühle* mit ausgesägten Lehnen
und Griffloch und solche mit halbrundem Sitz, dessen Form die
Armlehne mit ihren gedrechselten Stützen, sogenannte ›Rundstöll‹, angepaßt ist. Eine Egerländer Spezialität sind die als Figuren geschnitzten Stützen, die wahrscheinlich das Werk eines
Schnitzers sind, der das aus Liebhaberei machte. Dargestellt
sind Brautzüge oder Musikanten. Außerdem gab es auch hier
manchmal eine Truhenbank mit umlegbarer Lehne, eine *Sidel*,
die man aufgeklappt als Kinderbett benutzte.

Das *Schüssel- und Tellerrem* mit den bunten Tellern bringt
noch Farbe in die Stube.

Wie in Franken kann auch, je nach Platz, ein Stübl von der
Stube abgetrennt sein.

Als Behältermöbel steht die *Truhe* an erster Stelle. Sie wurde
auch noch bis ins 19. Jh. nach Renaissancevorbildern hergestellt, aber mit zeitgemäßer Malerei versehen. An manchen
Truhen, die auch auf einem Sockel stehen können, findet man,

als Betonung der Felder, dazwischen aufgesetzte Halbbalusterstäbe. Anfang des 19. Jh. kam die *Kommode* auf.

Die *Schränke* sind ein- und zweitürig und sehr schlicht; sie bekommen höchstens im 19. Jh. einen kantigen Aufsatz.

Eckschränkchen auf tischartigem Untersatz dienten wohl mit
ihrem an die Wand angelehnten Aufsatz mit Borden zum Auf-
bewahren und Aufstellen des guten Geschirrs.

Diese Möbel sind alle bemalt. Truhen wurden schon sehr früh
nur einfarbig bemalt. Anfang des 18. Jhs. gab es eine etwas
naive Malerei von Landschaften mit Häuschen, Wolken und
Bäumen. Doch schon Mitte des 18. Jhs. wurden Brautpaare
dargestellt, die um 1800, immer im jeweiligen städtischen Zeitkostüm oder in der Tracht gemalt, ein Begriff für Egerländer
Möbelmalerei wurden. Die Freude am Malen, die auch im ganzen übrigen Böhmen zum Ausdruck kommt, zeigt sich auch an
den vielen Blumen und Vögeln, die oft die Flächen zwischen den
Feldern in heiterer Buntheit füllen. Religiöse Motive finden sich
auf Schränken und besonders auf der Unterseite der Betthim-
mel. Auch die Jahreszeiten als Landschaften und Jagdszenen
sind beliebte Motive.

Die Grundfarbe der Möbel ist meistens ein dunkleres Grün oder
Blau, das gern mit roten Leisten und Kanten kombiniert ist. Die
Felder können hell oder dunkel sein. Oft sind sie rot abgesetzt.
Die städtischen Figuren sind meist von einem gemaserten Rah-
men umgeben. Zwischen den Bildfeldern sind hier auch noch
kleine Medaillons mit Halbfiguren und Büsten von Damen und
Herren gemalt, auch auf den abgeschrägten Kanten.

Die *Himmelbetten* haben sich lange gehalten, bis sie von den
Aufsatzbetten im 19. Jh. verdrängt wurden. Während die untere
Seite des Himmels und das Kopfende mit religiösen Motiven
bemalt sind, ist das Fußende außen der Bemalung der Schränke
und Truhen angepaßt, also auch oft mit eleganten Paaren im
Zeitkostüm geschmückt.

Die *Wiegen* sind Querschwinger. Daneben wird häufig ein
Bettchen, ein Wiegenkasten auf vier schrägen Beinen, gebraucht.
Wiege wie Bettchen sind immer mit Blumen und Ranken in Fel-
dern bemalt.

Dreipfostenstuhl,
Kevelaer Gegend
(Niederrhein), dat. 1778.
German. Nationalmuseum,
Nürnberg

Himmelbett aus Westfalen,
Anfang 19. Jh.
German. Nationalmuseum,
Nürnberg

Kasten aus Linz/Oberösterreich, mit aufgeklebten Kupferstichen (sog. ›Reiterschrank‹), 1790. *German. Nationalmuseum, Nürnberg*

Kasten aus Nordtirol, dat. 1777. *Bayer. Nationalmuseum, München*

Stuhl aus Oberösterreich,
um 1800.
German. Nationalmuseum,
Nürnberg

Zillertaler Truhe
(Nordtirol), dat. 1794.
Tiroler Volkskunstmuseum,
Innsbruck

Kasten aus dem Alpbachtal/Nordtirol, dat. 1770.
Tiroler Volkskunstmuseum, Innsbruck

Schrank aus dem Toggenburg, Kanton St. Gallen, dat. 1786.
Schweiz. Landesmuseum, Zürich

Schrank aus Stein, Kanton Appenzell Außer-Rhoden, dat. 1745.
Schweiz. Landesmuseum, Zürich

Wiege aus dem Wallis, 1. Hälfte 19. Jh. *German. Nationalmuseum, Nürnberg*

Bauernstube aus dem Engadin, um 1580.
Museum Engadinais, St. Moritz

Zillertaler Blumendekor

Österreich

Seit den Zeiten der ersten Besiedelung durch baiovarische Stämme im frühesten Mittelalter hat sich in den österreichischen Kernlanden — Ober- und Niederösterreich, Salzburg, Steiermark, Kärnten und Tirol — eine wenn auch nicht ungestörte so doch kontinuierliche geschlossene zumeist bäuerliche Kultur entwickeln können. Sie ähnelt im großen und ganzen derjenigen im benachbarten und stammesverwandten Oberbayern; die Beziehungen zwischen beiden Ländern waren immer sehr eng. Von daher gesehen könnte man sagen, daß die oberbayerische bäuerliche Wohnkultur dem österreichischen Kulturkreis eher angehört als denjenigen des übrigen deutschen Raumes. Auch das einigende Band des Katholizismus, vor allem der Gegenreformation, ist von ungeheurer Bedeutung für die Ausbreitung alpenländischer Volkskunst. Der

barocke Lebensstil (nicht identisch mit dem strengen Barockstil
in der Kunst, etwa in Frankreich) ist ja einerseits geprägt vom
Selbstdarstellungswillen der Kirche, andererseits fand in ihm
die Bevölkerung des Alpenraumes vom Lech bis zur Leitha die
ihr gemäße Ausdrucksform. Dementsprechend hielt sie an diesem Lebensstil bis ins 20. Jh. hinein fest. Der große Reichtum des österreichischen bäuerlichen Mobiliars von der zweiten
Hälfte des 18. bis zum Ende des 19. Jhs. ist Beweis genug.

Tirol

Der gesamte Tiroler Raum war bis weit ins 20. Jh. hinein
sehr dünn besiedelt, die Zunahme des Bevölkerungswachstums
in Nordtirol die geringste in ganz Mitteleuropa. Ansiedlungen
konzentrierten sich auf das Inntal und seine Seitentäler. So
konnte hier eine stark in sich gefestigte und auch durch Kriege
wenig gestörte Eigenkultur erwachsen. Andererseits muß man
berücksichtigen, daß die Bevölkerung, rätoromanischen Ursprungs und kaum von anderen Stammes- oder Kultureinflüs-
sen durchsetzt, ihr keltisches und römisches Erbe, eine starke
Sinnenfreude, die sich in der Lust an Klang, Wort, Form und
Farbe niederschlägt, fast unvermischt von Generation zu Generation weitergegeben hat. Aber auch Kontakt- und Kommuni-
kationsfreudigkeit schließt dieses Erbe mit ein, und deshalb
haben sich, wie Leopold Schmidt es ausdrückt, »das Sitzen auf
abgelegenen Berghöfen und das Wandern auf weiten Land-
straßen stets gut vertragen«. Daher hat sich in diesen Alpentälern, trotz ihrer relativen Armut, eine der reichsten bäuerlichen Wohnkulturen Europas entfalten können.
Die Häuser sind in der Mehrzahl Blockbauten, die wie in
Oberbayern unter einem flachgeneigten, an der Giebelseite
weit vorspringenden Pfettendach, das mit Schindeln gedeckt
und oft mit Steinen beschwert ist, im vorderen Teil die Wohnräume, im rückwärtigen Teil Ställe und Scheune vereinen. Nach

Süden und ins Engadin hinüber kann diese Bauweise vielfach
variieren, vor allem der Anteil von Stein- und Holzbauweise
wechselt. Stube, hier ›Laube‹ oder ›*Labn*‹ genannt, Küche und
Schlafkammern sind getrennt, wenn auch die Schlafkammern
oft direkt neben der Stube liegen, manchmal nur durch Bretter-
wände getrennt, um die Nähe des wärmenden *Ofens* aus-
zunutzen. Dieser steht in der Ecke, er setzt sich aus einem
festen Steinsockel und einem aufgesetzten, oft konisch sich
verjüngenden Oberteil zusammen, das in reicheren Häusern
ganz aus Kacheln besteht, oft aber nur mit einigen eingelegten
Kacheln geschmückt ist.

Das Charakteristikum der Tiroler ›Labn‹ ist die Täfelung,
zunächst sehr schlicht, aus Blankholz, manchmal gebeizt, in
reicheren Häusern seit der Renaissance auch mit Schnitzereien
und Einlegearbeiten geschmückt. Das 18. Jh. brachte mit
seinem Sprung in die Farbe auch ganz oder teilweise ausge-
malte Stuben.

Diese Täfelung hat es mit sich gebracht, daß der größte Teil
des Mobiliars fest eingebaut ist. Da ist die *Ofenbank*, manchmal mit einem kleineren Tisch, da ist in der gegenüberliegenden Ecke die fest eingebaute *Wandbank* und der große Eßtisch,
ein *Kastentisch*, der sich in all den Jahrhunderten kaum verändert hat. Manchmal weist er Einlegearbeiten (Bestecke, das
IHS-Motiv) auf, wie in anderen Gegenden auch. Häufig enthält
er eine eingebaute Besteckschublade. Im Eck über dem Eßtisch
finden wir wie in allen katholischen Gegenden den Herrgottswinkel mit Kruzifix und Weihbrunn, oft sind auch kleine
Wandschränkchen für Geschirr oder bäuerliche ›Nippes‹, also
Wachsgebilde, Andenken an Wallfahrtsorte und dergleichen,
in die Täfelung eingebaut.

Früh schon tauchen in Tirol Sessel auf, mit geschnitzten Armlehnen. Die Stühle sind *Brettstühle*, die Lehnen ausgesägt, das
Doppeladlermotiv tritt vielfach auf, seit dem 18. Jh. auch
bemalt.

In der Schlafkammer steht das *Bett* — ein festes Himmelbett im
17. Jh., seit der Mitte des 18. Jhs. verliert der Himmel
seinen festen Bezug zum Bett mehr und mehr und damit auch

Tulpenbäumchen aus Brandenberg

seine Schmuckfunktion, er wirkt sozusagen aufgesetzt, als Abladeplatz für Obst, Eingemachtes, Haubenschachteln, während das Aufsatzteil am Kopfende immer mehr an Bedeutung zunimmt. Seit der 2. Hälfte des 18. Jh. ist es in Rokokoform ausgesägt und bunt bemalt. – Die *Wiegen* sind niedrige Querschwinger.

Einen festen Platz für die Bewahrmöbel kann man nicht mit Sicherheit angeben, das richtet sich nach der Größe der Stuben, der Schlafkammern, des Hauses. Die *Truhen* sind flache Seitstollentruhen mit zwei- oder dreifeldriger Frontseite, bis zum 18. Jh. reich geschnitzt, häufig schon mit dem Torbogenmotiv, das später immer öfter auftritt, entweder ganz gemalt, oder die Bögen als Schnitzwerk, mit Malerei ausgefüllt. Bei Truhen mit drei Feldern wechselt das Torbogenmotiv mit einem oder zwei rechteckigen Feldern ab. Die prachtvolle Schnitzerei wird bei nahezu allen Tiroler Truhen nie ganz aufgegeben, bis weit ins 19. Jh. hinein wird Schnitzwerk mit vielfarbiger Malerei kombiniert.

Die *Kästen* sind im allgemeinen zweitürig, doch sind hier die Unterschiede zwischen den einzelnen Tiroler Tälern besonders

Motiv aus dem Alpbachtal

charakteristisch, so daß wir keine allgemeinen Angaben machen können. Die eintürigen *Almer*, die als Milchschränke, wie Leopold Schmidt nachweist, in unveränderter Form in einigen Tälern bis 1900 weiterlebten, gehörten nicht zum Prunkmobiliar und wurden auch nicht als Kleiderbehälter verwendet.

Unter den Tiroler Tälern, wobei wir uns im wesentlichen auf Nordtirol beschränken, haben drei eine besonders hohe Möbelkultur erreicht, das Alpbachtal, das Zillertal und Brandenberg. Aus *Brandenberg* stammen gerade glatte zweitürige Kästen. In den von schmalen glatten Leisten eingerahmten Türfeldern blühen auf naturfarben oder gelblich lasiertem Grund bunte und leuchtende, stark stilisierte Tulpen-›Bäume‹, auf Truhen auch innerhalb des Torbogens. Der übrige Füllraum ist mit zarten, geometrisch wirkenden dünnen Ornamenten ausgemalt. Besonders charakteristisch sind die Möbel des *Alpbachtals*. Schlichte Truhen, schwere Schränke, deren Sockel — oft nur Scheinsockel — den Truhen nachempfunden scheinen, ein- oder zweitürig, ohne Aufsatz, zeigen auf Blankholz, später höchstens dunkelbraun oder rötlich lasiert, eine strengstilisierte, ornamentale Malerei, die sich aus dem Doppelherzmotiv weiterent-

wickelt hat. Dieses Motiv kehrt bis ins 18. Jh. hinein immer
wieder, jedoch umrahmt von Blumen, Vögeln, abstrakten Lei-
stenornamenten, die Tür- oder Truhenfelder umrahmen. Eine
glühende dunkle Farbenpracht tut sich auf: Weiß, Schwarz,
Rot, Dunkelgrün, wenig Blau und Gelb. Die strenge Stilistik
der Brandenberger Möbel scheint hier ins Geistig-Abstrakte
weitergeführt; Ausdruckswille und Denken der Renaissance
haben sich mit der Motivik und der fortgeschrittenen Technik
des Spätbarock verbunden. Ein besonders schönes Stück, ein
zweitüriger Schrank, steht im Bayerischen Nationalmuseum in
München; es handelt sich, den aufgemalten Herzen nach zu
schließen, um einen Hochzeitsschrank.

Gerade das Gegenteil stellen die Möbel des benachbarten
Zillertals dar. Dieses an sich sehr arme Gebiet hat einen Men-
schenschlag hervorgebracht, der spätestens seit dem 18. Jh.
ebenso reisefreudig wie geschäftstüchtig war. Ein hübsches
Beispiel ist jener Peter Prosch, der als umherziehender Hand-
schuhverkäufer und Hofnarr, wobei ihm beides gutes Geld
einbrachte, alle wichtigen europäischen Fürsten kennenlernte
und mit ihnen auf Du und Du verkehrte. Er war nicht der ein-
zige, und die Anregungen, die diese bäuerlichen Handelsleute
mit nach Hause brachten, haben sich auf die Wohnkultur ausgewirkt. Die einfachen Sockelschränke, deren Sockel und Tür-
leisten mehrfach gegliedert sind, vielfach noch weitere eingelassene oder geschnitzte Felder oder Zierornamente, Zeichen
einer außerordentlich hochstehenden spätbarocken Schreiner-
kunst, aufweisen, sind von einer Farbenpracht, die kein starres
Schema mehr kennt. Auf grünem oder häufiger blauem Grund
ranken sich zierliche Rocaillen um die Türfelder. Diese selbst
sind ausgefüllt mit Blumenvasen oder -schalen, aus denen Tulpen, Rosen und Fantasieblumen in allen Schattierungen von
Rot, Gelb, Blau, mit grünem rankenden Blattwerk quellen.
Vögel und Fantasietiere, auch Kronen, sind ein weiterer
Schmuck. Die Weltläufigkeit des Zillertals zeigt sich auch darin,
daß der Zeitgeschmack und die herrschende Mode unmittelbar
Eingang in das entlegene Tal gefunden haben; schon ein
Schrank von 1788 enthält alle modischen Attribute des Klassi-

zismus, während andererseits eine um 1800 entstandene Wiege, die ja nicht als Staats- und Prunkmöbel gedacht war, mit feinem Empfinden ganz zart und zierlich im Geist des Spätrokoko ausgeschnitzt und bemalt ist. Figürliche und Genremalerei zeigt sich in den Türfeldern einiger Schränke nach 1800; die Übereinstimmung mit der zeitgenössischen Porzellan- und Keramikmalerei drängt sich geradezu auf; Leopold Schmidt vermutet, daß sie zum Teil direkt nach Delfter Fayencen gemalt sind. Diese letztgenannte Möbelgruppe dürfte ihren Ursprung in Mayrhofen haben.

Salzburg

Breite, behäbige Blockbauten mit oft schön geschnitzter Holzaltane und ziemlich flachem Pfettendach beherrschen das Bild der Landschaft, in deren weiten und fruchtbaren Tälern ein verhältnismäßig wohlhabendes Bauerntum ansässig ist. Die Raumaufteilung ist dieselbe wie in Oberbayern und Tirol, vereinzelte Rauchstuben (wir kommen noch darauf zurück) in ärmeren Gebieten verschwinden verhältnismäßig früh. Balken-, in wohlhabenden Häusern auch Kassettendecken, sind allgemein, erstere zum Teil sorgfältig geschnitzt, in seltenen Fällen bemalt. Die Stube enthält einen *Kachelofen*, oft auch die darüberliegende Prachtstube, in der das bewegliche ›gute‹ Mobiliar, als Heiratsgut ins Haus genommen, untergebracht war. Die untere, reinen Wohnzwecken dienende Stube enthält außer dem Kachelofen das gleiche feststehende Gerät und Mobiliar wie in Tirol, wobei die Platten der *Kastentische* aus Ahornholz bestehen. Ganz selten sind sie bemalt. *Lehnsessel* mit Armlehnen, auch mit geflochtenem Sitz, sind häufig, daneben gibt es geschnitzte und vielfach reich bemalte *Brettstühle*, unter denen die mit Herzen und Liebespaaren bemalten schönen *Brautstühle* hervorragen. *Truhen* und *Kästen* waren ursprünglich einfach und gerade, leicht geschnitzt, doch macht sich hier

im Laufe des 18. Jh. ein solcher Wandel bemerkbar, daß man
geneigt ist, hierin den Einbruch einer völlig neuen Möbelkultur
zu sehen. Es bleibt fraglich, ob sich darin die Intensität der
Rekatholisierung des weithin protestantischen Landes und der
damit verbundene Einfluß der kirchlichen Kunst der Residenz-
stadt zeigt; möglich wäre es.

Das gilt nicht für alle Gegenden gleichermaßen. So ändern sich
zum Beispiel die schlichten, sparsam bemalten Möbel des *Lun-
gaus* nur wenig. Weitgehend ähneln die Kästen und Truhen
des Salzburger Landes in der zweiten Hälfte des 18. Jh. auch
den oberbayerischen, vor allem den Aiblinger Stücken – die
geographischen Grenzen fallen ja hier gar nicht, die politischen
kaum ins Gewicht. Religiöse Motive tauchen immer häufiger
auf; Maria, Jesus, das IHS-Motiv, die Kreuzesinschrift im oberen Querbalken. Blaue Grundierung herrscht vor. Daneben ist
ein eintüriger Kastentyp im ganzen Salzkammergut häufig, der
mit Rankenwerk auf brauner Lasur, später auch in einzelne
Felder gegliedert, mit Blütensträußchen bemalt ist.

Doch die große Überraschung bietet der *Pinzgau*. Hier finden
sich plötzlich nach 1800 Möbel – Kästen, Truhen, Betten –, die
ihr Vorbild ganz sicher im kirchlichen Bereich haben. Ein un-
erhörter, erneuter Rokoko-Aufbruch zeigt sich in Formen und
Farben, reicher als in anderen Gegenden. Die Betten, ohne
Himmel, haben überreich geschnitzte und bemalte Kopfteile
mit Aufsätzen und ebenso reich verzierte Fußteile, auch mit
Aufsätzen. Spielerische Rocaillen, geschnitzt und gemalt, wechseln ab mit rechteckigen, auch oktogonalen, glatten Leisten, in
denen aus klassizistischen Vasen überquellende bunte Blumensträuße blühen. Denn diese Möbel – und das ist das Eigen-
artige daran – stammen sämtlich aus einer Zeit, in der das
Rokoko in der hohen, auch in der kirchlichen Kunst längst er-
loschen war. Allerdings läßt sich in der Schnitzerei eine merk-
würdige Spur zurückverfolgen: Üppige Kästen und Truhen mit
einfacher Grundform, den übrigen zeitgenössischen Stücken
Oberbayerns, Tirols und des Salzburger Landes sonst durchaus
unähnlich, zeigen auf Blankholz prächtige Schnitzereien von
höchster Qualität. Der bedeutendste Kenner österreichischer

Schnitzdekor aus dem Pinzgau

Volkskunst, Leopold Schmidt, nimmt an, daß die Vorbilder für
diese Prachtstücke, die sicherlich nur für reiche Gastwirte,
Bauern oder Brauer angefertigt wurden, »aus protestantischen
Reichsstädten stammten, mit denen die Salzburger Protestanten ja in sehr engen Verbindungen standen«. Ganz gewiß hat
sich aber die Pracht dieser Möbelgruppe, die nach 1800 nicht
mehr vorkommt, befruchtend auf jene geschnitzte und bemalte
Möbelkultur des 19. Jh. ausgewirkt, in der sich bäuerliches
Beharrungsvermögen und barocke Sinnenfreude miteinander
verbinden. Daß hier Kirchenkünstler am Werke waren, wird
man ohne weiteres annehmen dürfen; später — denn diese
Möbel finden sich bis in die 70er Jahre des 19. Jh. — mag
serielle Nachahmung häufiger geworden sein. Im übrigen zeigen bemalte Truhen aus dem tatsächlichen Spätrokoko, etwa
um 1770, eine zwar reiche, aber doch schwerfällige Malerei.

Spreißeldekor

Oberösterreich

Während Salzburg Einflüsse von außen aufnahm, Tirol nur in
einzelnen Tälern, dort allerdings Wesentliches, an eigenstän-
diger Wohnkultur hervorgebracht hat, zeigt das österreichische
Stammland ›ob der Enns‹ ganz besonders vielfältige und reiche
Möbel, die aber im ganzen gesehen den oberbayerischen stark
ähneln.

Das gilt auch für den Haustyp, wenigstens im Innviertel, das
ja bis Ende des 18. Jhs. zu Bayern gehörte. Große *Kachelöfen*,
häufig von der Küche aus geheizt, weisen in reicheren Häusern
schöne farbig bebilderte Kacheln auf. Die Ausstattung — Ofen
mit *Ofenbank* und *Trockengestell* in der einen, Tisch mit Bank
und Herrgottswinkel in der gegenüberliegenden Ecke — gleicht
ebenfalls derjenigen in oberbayerischen Häusern. An freistehenden Bänken finden sich hier wieder ›Sideln‹. Neben dem
Lehnstuhl für den Hausherrn gibt es geschnitzte und bunt bemalte *Brettstühle*, häufig ist der herzförmige Eingriff, auch das
Doppeladlermotiv findet sich hier oft. Die *Tische* sind Platten-
oder Bocktische, seit dem 18. Jh. auch bemalt. Liebevoll bemalte *Brautstühle* zeigen ähnliche Motive wie im gesamten
Alpenraum.

Unter den älteren Möbeln ist vor allem die Gruppe der *Eferdinger* sogenannten ›*Spreißeltruhen*‹ hervorzuheben. Die Bezeichnung hängt damit zusammen, daß sie im allgemeinen an der Schauseite durch dünne Leisten, also ›Spreißel‹, in quadratische oder rechteckige Felder aufgeteilt sind, die mit abstrakten Ornamenten, Zirkelschlagmotiven in leuchtendem Rot, verschiedenen Blautönen, wenig Grün oder Violett, gemalt sind. Manchmal sind auch die Leisten nur gemalt. Diese Truhen wirken trotz — oder wegen — ihrer einfachen Auszier besonders farbig.

Alle älteren Möbel dieser Art müssen aber im Lauf des 18. Jhs. der Vorliebe zur Farbe, zur heiteren Pracht des Rokoko weichen, auch die sogenannten ›*Schwarzen Truhen*‹, die um 1720 im *Traunviertel* auftreten, schwarze einfache Kastentruhen mit stark stilisierten Blumen, gelb oder rot, mit wenig Farbabwechslung.

In allen Gegenden Oberösterreichs wird jetzt die Stube im Obergeschoß zur Prunkstube, ob mit oder ohne Bezug zum gleichzeitig auftretenden bürgerlichen ›Salon‹, mag dahingestellt bleiben. Auf jeden Fall hat die bürgerliche Wohnkultur stark befruchtend auf die bäuerliche eingewirkt, ebensosehr aber auch der Einfluß der Stiftsklöster, vor allem Lambach und St. Florian. In ihrem Einflußbereich entstanden die am stärksten ausgeprägten Möbel, wie die Tölzer wurden sie auf Bestellung auch in andere Gegenden geliefert, nach Niederösterreich, Kärnten, in die Steiermark und ins Burgenland. Weitere Möbelzentren sind Linz, Kronstorf, Hirschbach im Mühlviertel, das Hausruckviertel mit dem Zentrum Vöcklamarkt, Gunskirchen bei Wels.

Die *Lambacher Möbel* lassen sich etwa zwischen 1770 und 1810 datieren (nach Schmidt). Zweitürige Kästen mit farbenfroher Bemalung, in den Türfeldern die vier Jahreszeiten, darüber oft die Heiligen der Gegend, Florian vor allem, aber auch Rochus und andere, Rankenwerk mit Blüten und Vögeln. Ähnliche Kästen werden in *Gunskirchen* angefertigt, sie zeigen manchmal geschnitzte Aufsätze, allerdings erst bei späteren Stücken. Charakteristisch ist hier nicht nur die Einteilung der

Türseiten in sechs Felder, sondern vor allem die Vorliebe für namentlich bezeichnete Heiligen- und Gnadenbilder, die Krankheit und Seuche von Haus und Hof abhalten sollen. Gnadenbilder aus berühmten Wallfahrtskirchen erscheinen oft, manchmal sogar doppelt – also auf jeder Türseite dasselbe Bild. Daß diese Gnadenbilder durch die alpenländische Lust am Wallfahrten, von der schon der bayerische Chronist Aventinus im 16. Jh. spricht, weit über ihre Grenzen hinaus bekannt und beliebt waren, zeigt das Beispiel des sogenannten ›Passauer Mariahilfbildes‹, das manchmal auf oberösterreichischen Kästen und Betten erscheint, das jedoch nicht aus Passau stammt, sondern seine Heimat in der Wallfahrtskirche Mariahilf oberhalb von Amberg/Opf. hat. Doch daneben treten, vor allem an Seitenfriesen, auch Soldaten in zeitgenössischer, exakt dargestellter Uniform auf, ein Zeichen dafür, wie sehr ganz Europa in das Netz der napoleonischen Kriege verstrickt war.

Auch in *Linz* und *St. Florian* werden solche volksbarocken Kästen, oft mit Heiligenbildern und Segenswünschen, hergestellt. Charakteristischer sind hier aber jedoch die sogenannten ›Reiterkästen‹, bei denen in die mit gemaltem, verschlungenem Rankenwerk umzogenen Felder Kupferstiche Friedrichs des Großen und Kaiser Josefs II. eingeklebt wurden. Diese Gruppe ist unter dem Namen ›Reitermöbel‹ sehr bekannt geworden. Oft aber wurden solche Reiterminiaturen auch aufgemalt, auf einen Grund von leuchtendem Blau oder aber auf braune Furnier- und Intarsienimitation.

Ähnlich, doch noch stärker einem nachblühenden Volksrokoko verpflichtet, mit Heiligenbildern, aufgeklebten Kupferstichen auf leuchtend blauem Grund, mit bunten Blumensträußen, besonders mit Tulpen, die einzelnen Blumenornamente wenig differenziert, sind die Kästen, Betten und Truhen aus *Kronstorf*.

Die Kästen aus dem *Hausruckviertel* mit ähnlichen Malereiformen sind durch die gedrechselten oder geschnitzten, gedrehten aufgesetzten Halbsäulen in der Mitte und an den Seitenfriesen der Kästen gekennzeichnet.

Die Möbel von *Hirschbach*, vielfach für den Export, insbesondere nach Böhmen, angefertigt, zeigen kräftige Rokokomalerei mit Ranken, Rocaillen, Heiligenbildern. Sie stammen aus der 1. Hälfte des 19. Jhs.

Einer der wenigen Künstler, deren Namen bekannt sind, ist *Georg Breitwieser aus Offenhausen* bei Kronstorf, der in den ersten zwei Jahrzehnten des 19. Jhs. arbeitete und sich selbst als »Tischler im Moos« bezeichnet. Dieser Tischler-Maler verwendet oft ›selbstgebastelte‹ Sprüche, die er an den Simsen entlanglaufen läßt. Seine schweren zweitürigen Kästen zeigen auf blauem Grund Heiligenbilder, gern verwendet er das Gnadenbild von Sonntagberg mit der Heiligen Dreifaltigkeit, auf den Seitenfriesen finden sich auch Reitermotive, Türken, Landleute, Gnadenkapellen, auch ganz naive Blüten und Vögel.

Was hier über die Kästen gesagt ist, gilt gleichermaßen für Betten mit Himmel oder Aufsatz, die Heiligen- und Reitermotive kehren immer wieder.

Niederösterreich – Burgenland – Kärnten – Steiermark

Wenn auch in Niederösterreich viel an Möbeln vorliegt, hat sich hier doch keine eigenständige handwerkliche, bäuerliche Tradition entwickelt. Das mag hauptsächlich an dem eher städtisch geprägten Bild des Landes liegen. Aber auch die Donau als Lebensader dieser Gegend mag dazu beigetragen haben, daß infolge der rasch wechselnden Einflüsse, denen jede Stromkultur unterliegt, eine ruhige Entwicklung nicht möglich war. Selbstverständlich werden auch hier bunte, farbenfroh bemalte Kästen und Truhen hergestellt, doch holte sich Niederösterreich seine Anregungen hauptsächlich vom Land ›ob der Enns‹ und exportierte viele Möbel von dort.

Das Burgenland, jahrhundertelang nach Osten und Südosten orientiert, war arm und gehörte zudem nicht mehr dem alpenländischen Raum und Kulturkreis an. Eine Wohnkultur entwickelte sich, wenn überhaupt, erst spät und dann unter fremdem Einfluß.

In der Steiermark finden wir erst ziemlich spät bäuerliches
Mobiliar — erst dann, als die Rauchstuben allmählich aufgegeben wurden. Die Rauchstube der Ostalpen ist Wohn-,
Schlaf- und Kochraum zugleich. Nur durch die hochgelegenen
kleinen Fenster und durch die Tür kann der Rauch des offenen
Herdfeuers abziehen. Die Möbel gruppieren sich um den mächtigen Steinofen. Das durch die Armut des Landes bedingte
lange Festhalten an dieser Art der Einrichtung ist der Entfal-
tung einer reicheren Möbelkultur nicht gerade dienlich. Immer-
hin kommen schöne Kästen, meist auf dunkelblauem Grund
liebevoll mit Sträußen, Ranken, religiösen Motiven und solchen aus dem Volksleben bemalt, vor. Die Ramsau, dem Salzburger Land nahe, kennt sehr schön bemalte Möbel aller Art,
die aber nichts Eigenständiges darstellen, sondern dem Salzburger Kulturkreis angehören. Auch der Einfluß des Protestantismus macht sich hier gelegentlich an aufgemalten Bibelsprüchen bemerkbar.

Strauß aus Bern, 1735

Die Schweiz

Die Schweiz besteht aus einer Vereinigung von vier Volksgruppen in vielen Kantonen, die sich seit dem Rütlischwur der Bauern der Urkantone Schwyz, Uri und Unterwalden, 1291, nach oft kriegerischen Auseinandersetzungen zusammengeschlossen haben. Die Bauern hatten hier eine völlig andere Stellung als etwa in Deutschland. Sie waren als unerschrockene Gegner bekannt und standen dem Adel gleichberechtigt gegenüber. Sie kämpften für den Zusammenschluß der Kantone mit dem Erfolg, daß die Schweiz 1499 die politische Unabhängigkeit erhielt.

Die Reformation des frühen 16. Jhs., deren Träger Zwingli in Zürich und Calvin in Genf waren, prägte die innere Struktur großer Teile des Landes. Sie brachte die letzten blutigen Kämpfe unter den Eidgenossen. Der 30jährige Krieg störte nicht die Entwicklung zu einem reichen Land. Nach dem Westfälischen Frieden löste sich die Schweiz aus dem Reichsverband, und 1814 wurde ihre ›ewige Neutralität‹ anerkannt, die sie bis heute erfolgreich bewahrt hat.

Die sehr verschiedenen Wohnweisen innerhalb des kleinen Landes sind volkskundlich und landschaftlich bedingt. Alle vier Volksgruppen sprechen noch ihre Sprachen, deutsch, italienisch, rätoromanisch und französisch, und man spürt, daß sie kulturell mehr mit den jeweiligen Nachbarn jenseits der Grenze verbunden sind als mit den anderssprachigen Schweizern im eigenen Land.

Das Mobiliar ist, außer in der französischen Schweiz, wo wie in Frankreich Hartholz verarbeitet wird, meistens aus Weichholz gefertigt. Im Kanton Bern und in der Nordostschweiz, besonders im Toggenburg, trifft man auf eine beachtliche Möbelmalerei.

Nordostschweiz (St. Gallen mit Toggenburg, Appenzell, Thurgau)

Die *Häuser* der nordöstlichen Kantone sind größtenteils mehrstöckige Fachwerkbauten, nur in Appenzell gibt es noch, wie im benachbarten Vorarlberg, Blockbauhäuser auf Steinsockel. Im allgemeinen sind die *Stuben* getäfelt. In der Ecke steht der von der Küche aus geheizte Kachelofen mit der Ofenbank, ihm gegenüber in der Ecke der *Tisch* mit schwerer Ahornplatte, meist rechteckig, seltener rund, umgeben von der *wandfesten Eckbank* und einigen *Brettstühlen*. Darüber hängt in katholischen Gegenden im Winkel das Kruzifix. *Eckschränkchen* und *Truhen* gehören noch zur Einrichtung und, in den reicheren Häusern im Toggenburg, das *Büfett*, eine mächtige Anrichte mit Gießalmer, im Spätrenaissancestil erbaut. Ähnliche Einrichtungen sind aus dem badischen Klettgau und aus Vorarlberg bekannt.

Besonders im Toggenburg war eine ausgezeichnete Möbelmalerei zu Hause, deren Ähnlichkeit mit der Südbadens auffallend ist.

Im Anfang standen *Truhen* mit Malerei auf Blankholz, dann traten hier die *Schränke* mehr in den Vordergrund.

Neben großen, zweitürigen *Kästen* mit farbig gefaßtem, noch der Spätrenaissance verbundenem Schnitzdekor auf dunklem Grund und ergänzender Blumenmalerei, stehen solche mit reiner Malerei, oft in hellen Farben. In den Feldern sieht man die vier Jahreszeiten als Personen und Landschaften, patriotische Darstellungen wie den Rütlischwur und Tells Flucht. Dies jedoch erst gegen 1800.

Als Umrahmung ist, wie an badischen Schränken, die Marmorierung gewählt. Große bewegte, plastisch wirkende Rocaillen bedecken die übrigen Teile der Schränke des 18. Jhs. Das Mittelfeld der zweitürigen Schränke ist durch einen großen Blumenvasendekor mit Rocaillen hervorgehoben. Auch Traubengehänge und Reben sind ein beliebtes Motiv.

Im 19. Jh. werden die Felder biedermeierlich umrahmt, und in Medaillons erscheinen Halbfiguren, Szenen aus dem täglichen Leben, Landschaften und, in kleinen gemalten Feldern auf den Friesen, Schrägen und Sockeln, Landschaften mit Häuschen. Gewundene Blumenranken haben die Rocaillen abgelöst.

Mit den Schränken vertreten prächtige *Himmelbetten* die Möbelmalerei der Gegend. Helle Farben, große Rocaillen an den Seiten und Bildfelder am hohen Kopfteil sind im 18. Jh. typisch. Vor dem Bett kann ein zweitüriger Kasten stehen, der dazu passend bemalt ist. Die *Wiegen* haben im 18. Jh., wie im Schwäbischen, geschwungene Pfosten und sind auch bemalt.

Ein hübscher Brauch ist es, *Melkschemel* und die Böden der hölzernen *Milcheimer* mit Schnitzerei bzw. Malerei zu schmücken. Auf den ›Küblbödeli‹ sieht man alle möglichen Szenen aus dem Sennerleben aufgemalt. Auch die Wismutmalerei wurde hier für die Ausschmückung kleiner ›Minnekästchen‹ gepflegt.

Bourbonische Lilie, Bern

Bern

In dem reichen Kanton gibt es mächtige *Bauernhäuser* mit mehreren Stockwerken, in Fachwerk oder auch noch in Blockbau
errichtet. Sie gehören zu den schönsten Europas.
Die *Stuben* sind getäfelt und mit Kachelöfen beheizt. Außer
den Möbeln der Tischecke ist die Truhe das wichtigste Möbel
im Haus, zunächst als Stollentruhe, später als Sockeltruhe,
›*Trog*‹ genannt. Das Trögli ist eine niedrige, zum Sitzen geeig-
nete Truhe, die auch vor den Betten stehen kann.
Nach dem 30jährigen Krieg, der für das Berner Land recht gün-
stig verlaufen war, begannen die Bauern auf ihr Mobiliar zu
schauen. Gute Beziehungen zu den Städten versorgten sie mit
Vorbildern, die der Spätrenaissance entsprachen. Die Truhen
des 17. Jhs. wurden durch vorgeblendetes Rahmenwerk aus
zwei großen Feldern und drei schmalen Zwischenfeldern der
Zeit angepaßt, und es wurde gemalt, vor allem im Emmental
und im Simmental. Zuerst wurden mit Schablonen Intarsien auf
Blankholz nachgeahmt. Bis etwa 1700 war auch die bourbo-

nische Lilie ein häufiges Motiv. Langsam wurden die Ornamente farbig gestaltet, aber immer noch auf Blankholz. Im 18. Jh. wurden die Truhenwände reicher gegliedert, drei bis vier Felder, auch mit Arkaden, treten auf. Die Malerei besteht in der protestantischen Gegend fast nur aus ornamental aufgefaßten, mit dem Zirkel entwickelten Renaissancesträußchen, die später auch lockerer und freihändig gemalt werden. Selten sind Vögel in den Dekor einbezogen, Menschen erscheinen kaum. Die Blumenmalerei zeichnet sich durch gute Raumausnutzung aus, sie wirkt harmonisch, blühend, doch streng, ausgewogen in den Farben, nie laut. Typisch ist auch eine Ton-in-Ton-Kleistermalerei als alleiniger Dekor oder als Rahmenverzierung.

Im 18. Jh. werden manchmal Halbbalusterstäbe aufgesetzt. Die ein- und zweitürigen *Kästen* mit breiten Friesen sind nicht so beliebt wie die *Truhen*. Ihre Auszier entspricht der der Truhen. Die großen *Büfetts* wurden seit dem späten 18. Jh. bemalt, wie auch die Himmelbetten und Wiegen. Hier sind Betten auf Rollen zum Unterschieben unter die großen Betten bekannt.

Die Urkantone Schwyz, Uri, Unterwalden

In den schönen, mehrstöckigen, im Blockbau auf Steinsockel gebauten Bauernhäusern der ›Ursprungsschweiz‹ hat sich seit der Renaissance eine ausgezeichnete Wohnkultur entwickelt. Gemalt wurde hier nicht. Der warme Holzton bestimmt die Atmosphäre der vertäfelten, gepflegten Räume, die von Kachelöfen geheizt werden. Dem Ofen gegenüber, umgeben von Fenstern, ist die *Tischecke* mit den wandfesten Bänken und einigen *Brettstühlen* mit Balkenlehne. Eine ›Gutsche‹, *ein Ruhebett*, fehlt selten. Die in die Vertäfelung eingebauten *Büfetts* mit Waschkasten, die Truhen, Schränke und Betten wurden auch später immer wieder meistens im Stil der alpenländischen Renaissance gefertigt. Als Schmuck findet man Intarsienarbeiten in den Feldern.

Wallis

Im alten Siedlungsgebiet des oberen Rhônetals, im Wallis, sind die Bauernhöfe in Blockbauweise auf Steinsockeln errichtet. Sie können mehrgeschossig sein, besonders bei Hanglage. Die kleinen Räume sind einfach, mit wenigen Möbeln eingerichtet. Die *Tischecke* mit der *wandfesten Bank* und einigen *Stühlen* liegt dem Ofen gegenüber. Es gibt *Betten* und *Wiegen* und als Behältermöbel die *Truhe*. Unverkennbar ist der großzügige Kerbschnittdekor auf einigen Möbeln, der noch im 19. Jh. gemacht wurde. Die alten Symbole, Rosetten und Wirbelrosetten erscheinen groß nebeneinandergereiht und erinnern an romanische Truhen, wie sie auch im 12. Jh. im Bereich des Bistums Sitten im Wallis hergestellt wurden.

Auf für uns heute unvorstellbaren Handelswegen über die Pässe sind auch jederzeit Möbel aus anderen Alpenregionen ins Rhônetal gekommen, die aber nicht immer genau zu identifizieren sind, da alle alpenländischen Möbel gemeinsame Züge haben.

Eine Welt für sich sind die Hochalpentäler. Die Menschen leben in Blockhäusern und sind sehr genügsam. Sie haben nur das notwendigste Mobiliar, und manches davon ist vom Zimmermann gemacht und wirkt älter, als es ist. In der Stube ist neben dem Ofen aus Giltstein und der *Tischecke* noch ein besonders hohes *Bett* untergebracht, unter das ein zweites, niedriges geschoben werden kann. Auch in der Kammer daneben sind die Betten zum Untereinanderschieben gemacht; eine Truhe vor dem Bett erleichtert das Einsteigen. Die Truhen können beschnitzt oder eingelegt sein.

Graubünden

Graubünden gehört, wie der benachbarte Südtiroler Vintsch-
gau, zum rätoromanischen Steinbaugebiet, doch gibt es in den
Gegenden, die an die Blockbaugebiete anschließen, auch Block-
häuser. Die Stube ist in beiden Häusern fast immer vertäfelt.
Einen Eindruck von der Qualität mancher Stuben vermittelt die
Sammlung des Engadiner Museums in St. Moritz.

Die bis an die Decke reichenden *Büfetts* und *Wandschränkchen*
sind in die Vertäfelung eingebaut und entsprechend mit Archi-
tekturmotiven der Spätrenaissance ausgestattet und beschnitzt.
Sehr viel wird Arvenholz (Zirbelkiefer) in den Alpenländern
verwendet. Die großen Kachelöfen haben eine *Ofenbank* und
sind von einem Holzgestell umgeben, so daß man sich, ohne
daß es zu heiß wird, anlehnen kann. In weniger reichen Gegenden ist der Ofen aus Giltstein, der bis zum Glühen erhitzt werden kann. Auf den Öfen wird gern Obst gedörrt und vieles ge-
wärmt, darum schützt oft ein hölzernes Gittergestell auf dem
Ofen vor dem Herunterfallen.

Der schwere *Tisch* gegenüber ist von der *wandfesten Bank* und
einigen *Stühlen* mit Brett- oder Balkenlehne umgeben. In wohlhabenden Häusern findet man auch gepolsterte *Pfostenstühle*.
In Ofennähe kann zusätzlich ein *Klapptischchen* angebracht
sein. Das leichte *Ruhebett*, die ›*Gutsche*‹, fehlt nicht, und oft
steht auch eine *Truhe* in der Stube. Die Truhen sind Sockeltruhen mit meist drei arkadierten, beschnitzten Feldern. Sie haben
bis zum 17. Jh. die alten Frontalstollentruhen mit den großen
Kerbschnittrosetten auf den Wänden abgelöst. Einige Sockeltruhen des 16. Jhs. aus Graubünden und Tirol sind unter dem
Namen ›*Steinbocktruhen*‹ bekannt. Ein flach ausgeschnittenes
Steinbockmotiv erscheint hier neben geritztem, verschlungenem
Banddekor und flachgeschnittenen Flechtbändern. Alle Vertie-
fungen sind durch Farbe deutlich gemacht. Die *Wiegen* sind
Querschwinger. Sie können mitunter mit einem Wiegenbogen
für das darübergelegte Tuch ausgestattet sein.

Tessin

Im italienischen Sprachbereich, im Tessin, sind die Häuser aus Stein gebaut. Das Mobiliar ist einfach. Es sind aber einige im Sinne der italienischen Renaissance geschnitzte Hartholzmöbel erhalten und vereinzelt kleine bemalte Truhen für Zünfte oder religiöse Bruderschaften mit darauf bezüglichen Themen. Auf einer Truhe erscheinen z. B. die armen Seelen im Fegefeuer und der Tod mit dem Stundenglas.

Museen

Da auch der Besuch des kleinsten Heimatmuseums Vergnügen und Gewinn bringt, lohnt es sich, in jedem Städtchen das Museum, wo alles über Volkstum und Geschichte der Gegend sorgfältig gesammelt wurde, zu entdecken. Eine begrenzte Zahl großer und kleinerer Museen soll dabei behilflich sein.

Museumsdörfer und Bauernhausmuseen (Freilichtmuseen)

Bielefeld in Westfalen, Bauernmuseum
Bortfeld bei Braunschweig, Bauernhausmuseum (Braunschweigisches Landesmuseum für Geschichte und Volkstum)
Cloppenburg in Oldenburg, Museumsdorf
Gutach im Schwarzwald, Vogtsbauernhof
Husum in Schleswig-Holstein, Ostenfelder Bauernhaus
Illerbeuren in Schwaben, Bauernhofmuseum
Keitum auf Sylt, Altfriesisches Haus
Kommern bei Euskirchen, Museumsdorf
Meldorf in Schleswig-Holstein, Dithmarscher Bauernhaus
Perschen bei Nabburg, Oberpfälzisches Bauernhausmuseum
Molfsee bei Kiel, Schleswig-Holsteinisches Freilichtmuseum, Museumsdorf
Westerland auf Sylt, Haus Lorenz Petersen de Hahn

Allgemeine Museen und Heimatmuseen

BAYERN

München, Bayerisches Nationalmuseum, Stadtmuseum
Nürnberg, Germanisches Nationalmuseum

Wasserburg, Heimathaus
Passau, Oberhausmuseum
Tittmoning, Heimathaus des Rupertiwinkels
Bad Tölz, Heimatmuseum
Bad Aibling, Heimatmuseum
Miesbach, Heimatmuseum
Schliersee, Heimatmuseum
Feuchtwangen, Heimatmuseum
Fladungen, Rhönmuseum
Wunsiedel, Fichtelgebirgsmuseum
Regensburg, Museum der Stadt Regensburg, Kunst- und
    Kulturhistorische Sammlung
Würzburg, Mainfränkisches Museum
Bayreuth, Heimatmuseum
Walldürn, Städtisches Heimatmuseum

BADEN-WÜRTTEMBERG

Schwäbisch Hall, Heimatmuseum
Freiburg, Städtische Sammlungen und Augustiner Museum
Villingen, Schwarzwaldmuseum
Karlsruhe, Badisches Landesmuseum

NIEDERSACHSEN

Schleswig, Schleswig-Holsteinisches Landesmuseum
Flensburg, Städtisches Museum
Hamburg, Museum für Kunst und Gewerbe, Altonaer Museum
Braunschweig, Braunschweigisches Landesmuseum für
    Geschichte und Volkstum, Museum
Hannover, Niedersächsisches Heimatmuseum
Osnabrück, Städtisches Museum
Oldenburg, Museum für Kunst- und Kulturgeschichte
Meldorf, Dithmarscher Landesmuseum

NORDRHEIN-WESTFALEN

Schloß Burg a. d. Wupper, Bergisches Museum
Köln, Kunstgewerbemuseum
Münster, Landesmuseum für Kunst- und Kulturgeschichte
Bückeburg, Schaumburg-Lippisches Heimatmuseum

HESSEN

Marburg, Universitätsmuseum für Kunst- und Kulturgeschichte

ÖSTERREICH

Innsbruck, Tiroler Volkskunstmuseum
Wien, Österreichisches Museum für Volkskunde
Linz, Oberösterreichisches Landesmuseum
Salzburg, Salzburger Volkskundemuseum Schloß Hellbrunn
Graz, Joanneum, Steirisches Volkskundemuseum

SCHWEIZ

Zürich, Schweizerisches Landesmuseum
Bern, Historisches Museum
Basel, Schweizerisches Museum für Volkskunde
Chur, Rätisches Museum
St. Moritz, Engadiner Museum

Benutzte Literatur

Margarete Baur-Heinhold: Deutsche Bauernstuben. Sammlung ›Die Blauen Bücher‹, Königstein/Taunus 1967.

Dr. Franz Colleselli: Bauernmöbel in den Alpen. Innsbruck-Frankfurt 1968.

Bernward Deneke: Bauernmöbel, ein Handbuch für Sammler und Liebhaber. München 1968.

Johannes Döllgast: Alte und neue Bauernstuben. München 1962.

Karl Gruber: Bauernhäuser am Bodensee. Konstanz und Lindau 1961.

Konrad Hahn: Deutsche Bauernmöbel. Jena 1939.

Karl Hillenbrand: Bemalte Bauernmöbel aus Württembergisch Franken. Stuttgart 1956.

IRO-Volkskunde. Europäische Länder. Hrsgg. von Prof. Torsten Gebhard und Prof. Dr. Josef Hanika. München 1963.

Prof. Dr. Wilhelm Jesse: Sammlung ›Bäuerliche Altertümer aus dem Lande Braunschweig im Städtischen Museum zu Braunschweig‹. Braunschweig 1950.

Henry J. Kauffman: Pennsylvania Dutch American Folk Art. New York 1964.

Annaliese Ohm: Volkskunst am unteren Niederrhein. Düsseldorf 1960.

Gislind Ritz: Bemalte Bauernmöbel Europas. München 1970 (Ritz II).

Josef Maria Ritz: Alte bemalte Bauernmöbel. Neu hrsgg. von Gislind Ritz. München 1962 (Ritz I).

Christian Rubé: Berner Bauernmalerei. Bern 1971.

Franz Prinz zu Sayn-Wittgenstein: Das Rhönmuseum in Fladungen. Die Bayerischen Heimatmuseen, Band V. München 1970.

Ernst Schäfer: Die Lausitz und ihr Handwerk. Berlin 1966.

Leopold Schmidt: Bauernmöbel aus Süddeutschland, Österreich und der Schweiz. Wien — Hannover 1967.

Alexander Schöppe: Alte deutsche Bauernstuben. Berlin 1934.

Albert Schröder: Bemalter Hausrat in Nieder- und Ostdeutschland. Leipzig 1939.

Rolf Schroers — Vilma Sturm: Nordrhein-Westfalen im Farbbild. Frankfurt 1968.

Kai Detlev Sievers: Schleswig-Holsteinische Bauernstuben. Kleine Schleswig-Holstein-Bücher. Heide i. Holst. 1963.

Karl v. Spieß: Bauernkunst, ihre Art und ihr Sinn. Berlin 1935.

Klaus Thiede: Alte deutsche Bauernhäuser. Sammlung ›Die Blauen Bücher‹, Königstein i. Ts. o. J.

Friedrich Walter: Das westfälische Bauernhaus. Westfälische Kunsthefte. Dortmund 1936.

Hermann Zeller: Kunstsinn und Erfindergeist im Bauernhof. Bauernhofmuseum Illerbeuren. Memmingen 1968.

Adelhart Zippelius: Führer und Schriften des Rheinischen Freilichtmuseums in Kommern, Nr. 1. o. J.

Alphabetisches Register